VARADA

Confesiones De Una Estudian De Primer Ano

C.S LUIS

Índice

Agradecimientos

Para Claudia

ILUSIÓN - EL RELATO

Una brisa fresca soplaba entre las palmeras, llevando consigo las corrientes del océano, y arrastrando restos y pedacería a la costa. Las sombras daban forma al paisaje, y cobraban vida sobre la arena, descendiendo junto con el sol desde lo alto. A lo lejos se formaron rostros que observaban, desde la playa solitaria, lo poco que quedaba de la embarcación, flotando a merced de las corrientes. Sus miradas falaces se burlaban unos de otros, cada quien desde su lugar sobre la arena, reconociendo todos el silencio de los demás. No podían soportar la idea de estar juntos; así como no podían soportar el hecho de haber sido olvidados.

La noche se enfriaba. El viento arreciaba y ululaba sobre el horizonte. Y mientras, la oscuridad se acercaba cada vez más, tragándose cada mota de luz y cubriendo de silencio a todas esas creaturas inquietas. El grupo se arrastró por la playa; siete rostros adolescentes se separaron del grupo de cinco figuras adultas.

Ya no había rayos de sol que bailaran o brillaran sobre sus angustiados rostros. La noche había llegado rápido. Mojados, cansados y con frío, cada minuto que pasaba era otro minuto de estar juntos. Y se dieron cuenta con horror, de que estaban atrapados *juntos*. Varados todos en alguna parte del océano Pacífico. Subdirectores y estudiantes, enterrando sus garras en la arena y arrojándosela unos a otros, presas de la rabia.

A la distancia, me senté, mojada y aislada del resto del grupo. Mi rostro tan frío e inerte como los otros. Abracé mi cuerpo, y posé mi cabeza sobre mis rodillas. En mi entorno el viento soplaba mordaz.

En medio de todo, en una isla-prisión separada del resto del mundo. Así se sentía la preparatoria, y no importaban los hobbies ni las ideas. Algunos se empeñaban siempre en obedecer la misma regla. Algunos solo conocen un camino. En un lugar que es incapaz de ofrecer paz ni solución al mundo ya conocido y vivido por vidas diarias. Yo, por el otro lado, simplemente comencé el mío propio. Y ese era un terreno peligroso. No tenía idea de cuán peligroso.

No recuerdo cómo sucedió. O por qué me eligió a mí. A la distancia, podía ver su rostro burlón, dos redondos ojos, oscuros y misteriosos, clavados en mí. Era un hombre de unos treinta y tantos años, y llevaba un traje de tres piezas. Sus ojos eran brutales y malévolos; su sonrisa llena de malicia y con una expresión de saberlo todo, engañosa y aterradora. Un subdirector de noveno grado[1], un discriminador, alcohólico, y a veces un *bully*. ¿Qué quería de mí? ¿Por qué yo? Me he hecho estas mismas preguntas una y otra vez. ¿Habría arruinado yo sus planes? ¿Qué haría él ahora? ¿Cuáles eran esos planes?

No quería imaginarlo, ni adivinar. Le tenía miedo.

Sentado sobre la arena, hundió sus manos profundamente en ella, mirándome. Elevó una mano sosteniendo un puño de arena, los granos cayendo entre sus dedos, sin quitarme de encima los ojos. Aparté mi vista en el momento en que en su rostro regordete se dibujó una sonrisa, y guiñó un ojo. Como diciendo: somos solamente nosotros dos. De alguna forma, sí estábamos solos, aun estando también el grupo de los demás.

Pudo haber hecho lo que quería fácilmente, puesto que era él quien estaba a la cabeza de esta operación, como bien lo dijo en Middleton.

Ahí estaba yo. Tenía que estar ahí. Era eso o repetir el año. Y eso era lo que él quería. De cualquier manera posible, era lo que él quería, pero creo que no esperaba esto. Y ahora, aquí estábamos.

Vi nubes moverse en el cielo, como monstruos de algodón acechando a sus presas en vida. Por primera vez, estaba viva. Viva para sentir el viento soplando hacia atrás mi cabello, mirando el infinito cielo negro que se extendía sobre mi cabeza. Las estrellas brillaban y me veían de vuelta desde el corazón de los cielos…

Prefacio de la autora

Ilusión (Varada) Creo que es la mejor manera de describirlo. La forma en que una persona puede adentrarse en lo más profundo de su cabeza y tratar de dar sentido al dolor que le produjo un incidente en su vida. Pero mi dolor empezó en casa. Empezó allí y se convirtió en algo que nunca imaginé que sería. Recuerdo que escribía historias. Era una forma de bloquear los abusos que sufría por parte de mi padre y mi madre. Ambos tenían sus propias maneras de desahogar la angustia. Y no eran solo abusos físicos, sino también mentales. Y si eres un niño a veces no lo percibes. Hasta que das un paso atrás y te das cuenta de lo profundo y desastroso que era.

En mi mente seguía escribiendo, creando una fantasía que sólo yo podía entender y que me separaría de lo que estaba ocurriendo en mi vida. Empecé la historia, pero nunca supe cómo continuarla. ¿Quería contar la verdad? ¿Podría hacerlo? ¿O sólo quería escribir una historia que otros leyeran pero de la que no sacaran nada? Por supuesto que no, quería que la gente supiera la verdad. Siempre he creído mucho en la verdad. Este personaje era en gran medida una persona real. Al principio intenté crear un personaje ficticio por miedo y por juzgar. Pero también quería contar mi historia. Como dije, es más fácil escribir ficción.

Y esta es la historia que surgió en mi mente: *"Dos ojos redondos y oscuros me miraron fijamente"*.

Ese comienzo era parte de lo que quería incluir en <u>Varada</u>. Describiendo a un hombre, de unos 30 años. Un *subdirector*,' - Como decía la historia. *Un alcohólico y a veces matón.* Eso es lo que ella dijo que era. Sherry, el antagonista de la historia. Aunque bien podría ser yo. Eso es lo que pasa con las historias. Siempre hay una lucha, un giro. Algo que aleja a nuestro protagonista del éxito y crea conflicto. Y se puede decir mucho de la vida real.

Llamémosle CZ, por el bien de esta introducción.

Sherry me contó cosas sobre él, y sólo me dieron ganas de escribir más. Y lo hice. Creé todo un personaje para llenar los huecos. Porque no sabía nada del hombre. Pero las cosas que me reveló eran intrigantes. Supongo que todas las cosas pueden serlo cuando eres una joven adolescente que busca escapar de su vida abusiva.

Continué la historia sin saber adónde me iba a llevar. Simplemente la escribía. A veces escribía cosas en cuadernos del colegio, un diario que empecé. Por aquel entonces no teníamos casi nada. Sin embargo, no quiero contar demasiado de mis comienzos. Ya que se trata más bien de un incidente que me ocurrió en el instituto. Pero quiero dar algunos antecedentes de mi vida antes del incidente. Y las cosas en mi vida que me llevaron al camino que me esperaba.

Llegué a Estados Unidos muy joven, junto con mi hermana. Mis padres ya habían establecido una vida en Chicago, Illinois, dos años antes. Originalmente mi hermana y yo nacimos en México, Monterrey, Nuevo León. No recuerdo mucho de México, pero lo que sí recuerdo son destellos de lo que parecía ser una buena vida. Una vida feliz viviendo con mis abuelos. Mis padres se casaron jóvenes. Mi padre era, por lo que he visto en fotos, un joven guapo para la época de su vida. Supongo que la envidia de todos, y todo lo contrario de la mayoría de los hombres mexicanos de entonces. Tenía la piel clara y los ojos verdes. Sus hermanos y hermanas eran todos de colores variados. Tenía tíos de piel oscura. Tan oscuros que uno pensaría que eran afroamericanos. Y otros con piel clara y ojos de color. Sé que todo esto puede parecer relevante. Sin embargo, si conocieras a mi padre. Entenderías perfectamente por qué me encuentro mencionando tales detalles cuando se trata del color de la piel y los rasgos más claros. De hecho, toda su familia estaba orgullosa de estos simples detalles. Y una de las razones por las que mi padre de joven era muy vanidoso. Tener un tono de piel más claro en la cultura mexicana se considera algo de mayor categoría. Mi padre solía presumir de que tenía que ver con su ascendencia, o con que era de ascendencia francesa y europea. Esto era todo lo que tenía. Y estaba orgulloso de ello. Así que no es de extrañar que nos lo mencionara una y otra vez a lo largo de nuestra vida.

"CZ estaba sentado en la arena con las manos hundidas en la tierra y los ojos fijos en mí. Una mano llena de arena corría entre sus dedos". (La historia, <u>Varada</u>.)

Es más fácil escribir ficción porque puedes mentir. Y puedes dar a tus personajes regalos con los que protegerse de los villanos. Yo no tenía nada con lo que protegerme, salvo mis padres. La ficción puede hacerse como uno quiera. En la vida real no tenía control sobre lo que me pasaba entonces. Así que me limité a escribirlo.

Mi hermana y yo éramos muy pequeñas, cuando mi madre y mi padre nos abandonaron en México. Nunca supe los detalles del porqué, y sólo salieron a la luz en mi vida adulta. Parecía que mi padre se fue animado por sus propios padres para buscar una vida mejor en los Estados Unidos, o como mi madre decía que decían mis abuelos: "Para que te encuentres una mujer Güera".

Durante ese tiempo mis padres tenían problemas matrimoniales. Infidelidad. O eso creía mi padre. Como mi madre me reveló en sus propias confesiones más tarde, de adulta. Mi padre estaba celoso del entonces marido de mi tía, que coqueteaba y acosaba a mi madre. Cuando mi madre le reveló esto a mi padre. Mi padre se enfureció, pero sobre todo con ella. Acusó a mi madre de engañarle. Mi madre afirmó que mi padre invitó al hombre a salir y más tarde amenazó con matarlo.

No estoy seguro de cuánto de eso es cierto. Mi madre siempre ha sido narcisista. Algo de lo que yo no era consciente pero un hecho que mi hermana había declarado a menudo. Así que, debido a esta acusación de mi padre, no fue una sorpresa que cuando mi madre se quedó embarazada de mi hermana. mi padre no creyera que era su hija. Eso sólo causó más caos y confusión en nuestra familia. Y causó una brecha entre mi hermana y mi padre.

Así que, cuando mi padre se marchó para buscar una vida mejor en Estados Unidos, mi madre, animada por su propia madre, le siguió a Estados Unidos, dejándonos con mi abuela.

Dos años de nuestra vida pasaron antes de que volviéramos a ver a mi madre. Y lo poco que recuerdo de aquel día aún hoy atormenta mi vida adulta. Debía de tener 6 o 7 años, mi madre me había regalado un vestido nuevo para la ocasión. Ni siquiera recuerdo dónde estaba mi hermana. Así de borrosos eran entonces algunos recuerdos. Sin embargo, debía de estar allí conmigo. Recuerdo que las dos nos fuimos poco después. Mi abuela me dijo que mi madre estaba aquí por mí.

— *Las nubes se movían sobre el cielo, como monstruos de algodón acechando presas vivas. Yo me moría por dentro. El viento me echaba el pelo hacia atrás* — (Varada.)

En ese momento me limité a mirar a mi abuela de forma incrédula. ¿No era ella, mi madre? ¿Quién era esa mujer que estaba delante de mí, sonriendo e intentando abrazarme? No la conocía, ni la reconocía. Sólo quería jugar. Sin embargo, vestida con este vestido nuevo que nos había comprado, estaba aquí para llevarnos lejos. No sólo nos había dejado. Ahora había vuelto para alejarnos del único hogar que conocíamos.

Recuerdo la última vez que jugué con mis primos, vestida con aquel vestido de manga larga. El sol quemaba mi pequeño cuerpo. Tenía la cara rosada, cubierta de sudor. Había salido el sol y hacía calor en Nuevo León. Y yo estaba vestida con un vestido de manga larga. Mis ojos se entrecerraron en un ceño fruncido mientras estaba con un grupo de nuestros primos para lo que sería una de las últimas fotos que me tomaría con ellos en mucho tiempo.

Lo siguiente que tendría que soportar sería un viaje de 8 horas fuera de México, con el certificado de nacimiento de una joven fallecida. En cuanto a mi hermana, tuvo que fingir ser un chico. Durante todo el trayecto aseguró a los ocupantes que viajaban con nosotros que, en efecto, era un chico.

El viaje fue aún más largo porque nuestros padres tuvieron que hacer el trayecto hasta Chicago, donde vivían los míos. Nos quedamos en Houston, Texas, brevemente y continuamos a Chicago en el siguiente vuelo. Los recuerdos de nuestro viaje eran borrosos, pero cuando llegamos, subimos a un taxi. Recuerdo que perdí el abrigo durante el trayecto.

Fue extraño ver las calles de la ciudad. Si eres una persona que nunca ha estado en la ciudad ni ha visto calles pavimentadas, te parecerá increíble. Como un planeta completamente distinto, sobre todo si eres un niño pequeño. Sólo mirar por la ventanilla de nuestro taxi por las autopistas era lo más emocionante que podía experimentar una niña. Después las cosas se volvían grises.

Pronto supe que, durante los dos años que estuvimos en México, mis padres tuvieron un hijo. Fue el primero de nuestra familia en nacer ciudadano estadounidense. Si no conoces a las familias mexicanas, están orgullosas de sus hijos. Y más ahora que era estadounidense.

Lo conocimos por primera vez en nuestro nuevo hogar, Chicago, al igual que a mi padre. Mi padre nos pediría más tarde que le llamáramos tío, no padre. Y varios nombres más, hasta que un día, sin previo aviso, se enfadó e insistió en que volviéramos a llamarle padre. Sí, fue una época muy confusa de mi vida. Pero sólo iba a ser mucho más.

Las estrellas brillaban y parpadeaban desde el cielo oscuro, - La historia tiene más sentido para mí que mi vida real.

Los primeros años en Estados Unidos, tanto mi hermana como yo seríamos abusadas sexualmente por el novio de una amiga de mi madre. Lo que odio de aquel día es que aún recuerdo vívidamente lo que pasó. Sabes como hay cosas que no puedes recordar en tu paso y hay esas cosas que solo quieres olvidar pero no puedes. Para mí, es esa única cosa. Lo único que no puedo recordar es cómo acabamos a solas con él. Los apartamentos en Chicago son un lugar espeluznante. Los edificios no se parecen en nada a las viviendas de Texas. Los apartamentos están construidos como los edificios de un hotel; en los que estás dentro de un espacio enorme y compartes los pasillos y las escaleras con todo el mundo, como en Nueva York. Sólo me di cuenta de la diferencia cuando vine a vivir a Texas. Los apartamentos de Houston son un poco diferentes. No compartimos un gran edificio con un montón de desconocidos. Los apartamentos son accesibles no como un hotel.

De niña recordaba haber estado en ese callejón espeluznante del fondo. Creo que era un aparcamiento. O un solar vacío. Nuestra vivienda era un sótano. Así que bajaba por debajo del edificio para llegar a nuestra puerta. Sé que suena extraño, pero lo recuerdo desde el punto de vista de una niña. Y así es como lo recuerdo.

Había muy poca luz, sobre todo procedente de los postes de la calle de un aparcamiento vacío al lado del edificio. Había contenedores de basura cerca, un campo desierto justo al otro lado de la alambrada oxidada, a la izquierda. Era un lugar espeluznante para que cualquier niña quisiera encontrarse en él. El hombre tenía unos treinta años. Lo que recuerdo de él y aún puedo ver en mis pesadillas, es ese bigote de oruga en su cara, junto con esos ojos oscuros y ese nido de pelo oscuro permanente; peinado en un afro. Era hispano. Delgado y alto, casi larguirucho.

Tenía un aire espeluznante, incluso de niña percibía su malicia. El hombre levantó a mi hermana sobre sus hombros, y no estaba segura de lo primero que vi que le hacía. Le metía la mano por debajo del vestido. Incluso siendo una niña sabía que lo que estaba haciendo era malo, y estaba mal. Le rogué que la bajara. Mi hermana era muy pequeña y no recuerdo si se acuerda. A día de hoy no tengo fuerzas para preguntárselo. Ya es difícil escribir las cosas que recordé aquel día.

Al cabo de un rato la bajó, pero ya le había hecho daño. Eso sí lo sabía. En ese mismo momento sentí miedo por primera vez. Y tú conoces el miedo. Cuando de repente te enfrentas a algo que está fuera de tu control. No puedes correr, y estás acorralado en una esquina. Te quedas paralizado, incapaz de moverte. Tu respiración aumenta y de repente puedes oír los latidos de tu propio corazón dentro de tu garganta, y sientes que te vas a ahogar o que vas a dejar de respirar. Porque no puedes recuperar el aliento. Las cosas van muy deprisa en tu pequeña mente. No puedes ponerte al día con un solo pensamiento. Ni siquiera puedes gritar, eso es lo que sentí en ese momento. Mi corazón se aceleraba, incluso ahora siento ese terror, esa debilidad y esa impotencia. Incapaz de huir o de escapar. Tenía miedo por mi hermana, miedo por mí.

Ese hombre aún hoy persigue mis recuerdos. Cuando pude hablar por primera vez con mi madre de lo que nos había pasado de niñas. Ella nunca se había responsabilizado de este incidente.

Cuando descubrió lo que había pasado, lo único que recuerdo que me dijo fue que no se lo contara a mi padre. Y que nunca hablara de ello con nadie. Incluso ahora, de adulta, no ha asumido ninguna responsabilidad por ese incidente, ni por lo que voy a revelar en esta historia. Cuando le conté el incidente por primera vez, mi madre me acusó de "victimismo". Aún puedo oír sus acusaciones. Me culpaba por no impedir lo que me había pasado. Por permitirlo. A pesar de todo, no había ninguna responsabilidad por su parte.

Esta historia no es una biografía, sino un libro sobre un incidente que me ocurrió entre 1990 y 1992.

Todo lo que vas a leer en este libro ocurrió de verdad. Las divagaciones de una adolescente con una imaginación increíblemente creativa no deben desviar a los lectores de lo que realmente ocurre. Por estúpido que pueda parecer, esos eran los pensamientos que pasaban por la mente de una adolescente a finales de los 80 y principios de los 90. La mayor parte del material que aquí se presenta procede de diarios que sobrevivieron a la destrucción a manos de una adolescente confundida, así como al descubrimiento por parte de los padres. El resto del material se extrajo de la memoria, y de un pasado que a veces esperaba olvidar.

Por sorprendente que pueda resultar para algunos de los lectores, todas las interacciones con Sherry se basaron en hechos reales. No se inventó nada para este libro. Lo mismo ocurre con todas las interacciones con el Sr. CZ, y todas las siguientes personas mencionadas en este libro. Todos los nombres y lugares han sido cambiados para proteger la privacidad de los implicados. Y la historia se basa únicamente en el relato del propio autor de hechos reales.

En cuanto a las secciones o puntos de vista del Sr. CZ, son

meras suposiciones de lo que un hombre como él habría estado pensando durante este período, aunque algunos incidentes fueron mencionados por él como ocurridos en su vida. El resto son meras especulaciones y ficciones, especialmente las que contienen (su monólogo interior) o su punto de vista.

Esta es la historia de ese incidente. C. Pérez,

UNO

La preparatoria del '88

Escuela Preparatoria Middleton *Charles — 1° de septiembre de 1988—*

Los pasillos de la Escuela Preparatoria Middleton eran un océano de rostros nuevos, escenarios desconocidos, y una turbia confusión de clubes sociales. Era 1988, el inicio de mi primer año en preparatoria.

El aula base resultó ser una experiencia incómoda: rostros nuevos, ojos que tan pronto se posaban en mí, se alejaban desinteresados. Yo no era nadie, revelaban sus expresiones. La profesora estaba aun menos interesada, y mucho más ocupada con lo que fuera que estaba leyendo en su plan de clase. Era el periodo de orientación; la clase en la que nos daban nuestros papeles, documentos, tareas, y nos enviaban a nuestras clases. Me sentía cual soldado en primera línea, o más bien, cual soldado rebelde que observa los tanques acercarse, paralizada de terror en el momento en que el sargento me señala con el dedo. Y en ese instante, lo hizo. Parpadeé y regresé a la realidad. La maestra posó en mí su vista, y repitió mi nombre.

"Presente", susurré apenas. Tuve que repetirlo. Continuó

1

leyendo los nombres que seguían, y yo sentí mis mejillas arder. Estaba sonrojada, y por la forma en que los demás me miraban, cuchicheaban y se reían entre ellos, supe que todos lo podían notar.

Una por una llamó a todas las filas, y a todos nos dieron nuestros horarios escolares. Pasados algunos minutos, de nuevo sonó el timbre, y nos dejaron ir para que cada uno encontrara las aulas de sus clases, estas últimas impresas en las tarjetas azul con blanco que nos habían repartido. Yo veía la mía como si estuviese escrita en un idioma extraño. Al salir al pasillo, otros estudiantes a empujones me adelantaron, alejándose de prisa. Me incomodaba que se movieran tan rápido mientras que yo solo me quedaba de pie, mirando alrededor como un niño buscando a su mamá en una tienda departamental.

El miedo y la incertidumbre se arremolinaban en mi interior mientras atravesaba los desconocidos pasillos. Abriéndome camino entre masas de rostros adolescentes extraños y desencajados. Había quienes ya habían encontrado su lugar en grupos sociales afines – estaban los futbolistas, los grupillos sociales, las porristas, los *new wave*, los torpes nerds. Incluso el esporádico *goth* y el punk discriminado. Yo siempre me sentía fuera de lugar.

El temor se acumulaba en mi interior, porque le temía al cambio, temía no encajar con ningún grupo social, con ninguna persona. ¿No había sido ese siempre mi problema, en todo momento? ¿Qué etiqueta social podría quedarme a mí? Era una tendencia que ya pasaba de moda.

Me perdí buscando la clase de educación física. Todos los pasillos me parecían iguales; los números en mi tarjeta de horarios parecían fundirse unos con otros. Me daba vueltas la cabeza, no lograba enfocar la vista, y mi estómago era un nudo ciego. Logré, sin embargo, llegar a tiempo. Entré en el momento en que la profesora daba instrucciones para que todos nos sentáramos en el suelo, frío y sucio, del gimnasio.

Sus anchos muslos apenas y cabían en los pequeños shorts que llevaba puestos. Los usaba con orgullo, como quien porta una bandera; un vestuario al que los demás estudiantes describían como humillante y de mal gusto. Me deslicé al suelo junto a las demás alumnas. Pronto yo también usaría los mismos shorts azules, descubriendo mis piernas pálidas ante el mundo entero, con una playera que sería demasiado apretada, o demasiado suelta.

Además, los shorts eran poco halagadores, nadie se veía bien con ellos, pero mis piernas cortas seguramente iban a destacar. Todos podrían ver mis cicatrices y moretones, y la cortada en mi rodilla. La idea me hizo temblar, o tal vez era solo el suelo frío.

Los demás reirían al ver el fenómeno que yo era; un evidente fraude en el mar de personas reales, de chicas reales. De cualquier forma me pondría la porquería esa, y haría lo posible por aparentar ser una persona real. Tal vez si lograba verme como una chica de verdad, nadie notaría el fraude que en realidad era. Por lo menos debía intentarlo. Aún me sentía desconectada del mundo. Apenas lo bastante bonita para identificarme como una chica ordinaria, pero demasiado extraña para ser tomada en serio, o para ser vista de inmediato como lo que en verdad era.

Era esa incomodidad mía la que me separaba de todos los demás. Estaba perfectamente consciente de que me desconectaba de los otros. Era como saberlo, ser amplificada y después desplazada de entre una masa que no te comprendía, y la que no comprendías.

La maestra seguía dando indicaciones sobre shorts y playeras, calzado, y todas esas cosas aburridas.

Y mientras seguía parloteando, yo pensaba en las historias sobre la prepa que había escuchado a mis amigas, sobre la crueldad de los profesores, o las idas al baño con escoltas. Me preguntaba si algo de todo eso era verdad. Los profesores nos dejaron libres por lo que restaba de la clase. Podíamos elegir entre jugar baloncesto o saltar la cuerda. Yo no hice ninguna de las dos. La mayoría de las chicas hicieron lo mismo, se sentaron en las gradas a observar a los estudiantes más atléticos. Me acomodé en las gradas, un adelanto de lo que serían en el futuro mis periodos de clase. Saqué mi tarjeta de horarios para memorizar las clases que seguían, y aproveché ese tiempo para escribir. Comenzaba a disfrutar escribir frecuentemente. Lo hacía siempre que tenía tiempo libre, e incluso cuando no lo tenía. Era mi forma de escapar cuando no podía hacerlo físicamente.

Entonces llegaron ellas. Ellas, las que podían oler el miedo y la ignorancia a un kilómetro de distancia. Yo rebosaba ese néctar. Se sentaron a mi lado – una chica alta y rubia, y otra chica baja y tosca.

"Tú estabas en mi última clase", apresuró la rubia enmarañada. ¿El aula base?, me pregunté. Esa había sido mi primera clase. No la había visto. Llevaba un vestido rosado, un par de coverts, y un blazer. Su cabello rubio oscuro caía desaliñado sobre sus ojos; llevaba labial entre desvanecido y embarrado en solo un lado de sus labios; sus pestañas estaban embadurnadas de rímel. En su mirada había cierto vacío, como si no estuviese del todo presente, sus pupilas bailaban como si estuviese bajo la influencia de alguna sustancia controlada. O tal vez solo estaba loca. Sus ojos se abrieron cuando los posó sobre mí, examinándome.

"¿Tomamos alguna clase juntas?" preguntó la chica más baja y regordeta. Usaba labial rojo brillante y un chaleco de diseñador color verde. Su cabello era corto, negro, y ondulado, y llevaba botas de combate. Su rostro era algo rollizo, plagado de espinillas y cicatrices que intentaba disimular tapizándolo con un maquillaje pastoso color durazno, que solo conseguía darle un aspecto aún peor. Ninguna de las dos era particularmente atractiva.

La más baja se inclinó para espiar el tarjetón de horarios que tenía en mi mano. En cuanto me di cuenta, lo guardé en mi bolsillo tan rápido como pude. Entonces, se inclinó para ver lo que yo escribía.

Me sentí rodeada, presionando mi libreta contra mi pecho. Retrocediendo, las miré sin decir nada.

"Oye, ¿quién es tu profesor titular?" Preguntó la bajita.

No hubo tal cosa como 'hola, nos presentamos, somos …', solo dos pares de ojos curiosos que me veían desde un par de rostros dementes.

"¿Cómo te llamas? Yo soy Sherry", dijo riendo la chica bajita. Volteó a ver a su compañera, la rubia desaliñada, y ambas rompieron a reír como un par de bichos raros. ¿Era algún chiste a mis costillas que yo no entendía?

Hablaban sin cesar, haciendo preguntas y diciendo cosas que solo un par de amigas de toda la vida podrían entender. Tal vez por eso los padres nos dicen que no hay que hablar con desconocidos.

No respondí: no supe cómo hacerlo. Claramente se trataba de un mal chiste, un insulto, a mis costillas. Sonó un timbre, estridente, eterno. Al parecer por esta única ocasión, mis plegarias habían sido escuchadas.

El grupo se dispersó, y mientras ellas estaban distraídas, escapé. Salí disparada como criminal en fuga, esperando que no me siguieran. Me dio gusto perderlas entre la multitud de otros escapistas ansiosos de alejarse de esa clase.

DOS

Un nuevo escollo llamado Sherry

Me gustaría decir que eso fue lo último que supe de ellas, pero no pasó mucho tiempo antes de que comenzara a ver con mucha más frecuencia a la chica bajita. Algo en mí había conectado con ella. Cada vez que la veía en los pasillos, sin importar en qué parte del edificio estuviéramos, me sonreía y con algún gesto ridículo me saludaba. Sin saber bien qué hacer, yo sonreía y la saludaba de vuelta. Me parecía un tanto rara, inusual, y en ocasiones, simplemente irritante. Sin embargo, al parecer, ella estaba decidida.

No le di importancia. Era natural encontrarnos de vez en cuando en los pasillos de la preparatoria durante el día. Sin embargo, aun cuando yo estaba totalmente distraída, por algún lado aparecía Sherry, andando por el pasillo, nunca olvidando saludar, o gritando algo para asegurarse de que yo la viera antes de alejarse.

Comencé a pensar que me estaba siguiendo. En una ocasión cuando *no* la vi en el pasillo al salir de mi aula base, sonreí. ¡Qué boba y paranoica me había vuelto! Pero de pronto, ahí estaba, a la distancia. Sonriendo y saludando como un espeluznante payaso de serie de horror.

"Ey", dijo, caminando decidida y directamente hacia mí. "¿Vamos juntas a la clase, a quién tienes en la quinta hora?"

Y sin decir más, se entrometió y se me pegó, sin invitación alguna. Ese fue el día que conocí a Sherry, lo quisiera o no.

Tan pronto preguntó, insintivamente volteé a ver mi tarjetón de horarios. Todavía no memorizaba todas las clases.

"Al Sr. Thompson. No estoy segura de dónde es su clase, ¿tú lo sabes? No quiero llegar tarde…", respondí.

Siempre tuve la intención de nunca llegar tarde a ninguna clase, al menos durante la primera semana. Me repetía a mí misma: *no sabes dónde están las aulas, primero averigua eso y después puedes tontear.*

Sherry arrancó de mis manos el tarjetón con tal rapidez que no tuve tiempo de objetar. Me hizo sentir como una idiota total casi de inmediato.

"No pasa nada, saben que es el primer día. No les importará si llegas tarde", dijo.

Tal vez algo de verdad había en eso. Pero aun así, no me agradaba la idea, al menos no viniendo de ella. Me dirigió una gran sonrisa, que de inmediato me hizo sentir repulsión y desear no haber hablado.

"Además, ese profesor no te hará nada. Es un gran tarado", dijo Sherry con una risilla. Su voz tenía un timbre profundo, como si tuviese algo atorado permanentemente en su garganta.

"¿Qué va a saber él?" Sonrió. Su cabeza era tan enorme como su sonrisa en su ancho rostro. Al sonreír, sus dientes se embarraban de labial rojo.

El optimismo de Sherry me tomó por sorpresa, de modo que no respondí, ni intenté moverme.

Finalmente, dijo: "Ven, es por acá. Camina conmigo, no te vas a morir si lo haces".

"Está bien", murmuré casi para mí misma. Me había dado por vencida. Y así de fácil, lo siguiente que pasó fue que caminábamos juntas.

Ella iba con calma, unos pasos adelante, esquivando estudiantes. Ni una sola vez leyó su tarjetón de horarios. Realmente parece saber a dónde va, pensé. Al parecer esto no sería tan terrible como había temido.

Por todos lados pasaban estudiantes apurados. Algunos profesores, de pie junto a sus puertas, evitaban a los estudiantes como a la peste; algunos otros ni siquiera estaban a la vista, sentados frente a sus escritorios, ocupados.

Llegamos a una bifurcación, y Sherry dobló a la izquierda, conmigo siguiéndola. "¡Vamos, es por aquí!", insistió ella. Actuaba con tal seguridad que era difícil decir que no. "Confía en mí", añadió Sherry con esa amplia, extraña, y perturbadora sonrisa.

Como una zombi la seguí sin pensar. ¿Acaso tenía alternativa?

Sherry aminoró la marcha. Poco a poco, los pasillos se vaciaban. Casi de inmediato sentí un horrible nudo en mi estómago.

Sherry se detuvo, yo la alcancé para recibir más instrucciones, como una idiota. Cada segundo había menos estudiantes en los pasillos. Eran los perdidos, los extraviados de los que nadie se ocupa... y ahora yo era una de ellos.

El labial de Sherry, rojo mate intenso, se pelaba cuando sonreía, como un oso panda de animación japonesa. Sus ojos oscuros eran ligeramente rasgados, sus mejillas eran redondas como tomates y estaban cubiertas de un colorete rojizo. Su lustrosa piel estaba cubierta de costras, a su vez cubiertas con una gruesa capa de maquillaje.

Sherry me dirigió una sonrisa, y en seguida soltó una carcajada. Sus dientes frontales seguían embarrados de labial rojo.

Me devolvió mi tarjetón, y dijo, "Ya me voy a mi clase. Si quieres nos vemos más tarde. Date prisa si no quieres llegar tarde". Salió disparada hacia la clase que iniciaba no muy lejos de donde nos habíamos detenido.

Volteó a verme antes de entrar. "¡Nos vemos más tarde. Corre, ya va a sonar el timbre!" Se despidió con la mano y desapareció por la puerta del aula.

Me quedé sola en el pasillo, contaba solo unos segundos, y no podía moverme. En lo alto, sonó el timbre. En ese instante viré y salí corriendo en dirección opuesta, tratando de ganarle al timbre antes de que este dejara de sonar. Entré a mi clase en el justo momento en que el timbre se detuvo.

Me senté al frente de la clase, con la esperanza de no llamar la atención. Siempre surge alguna risilla, o franca risa, de entre las masas y dirigida a ti. Yo estaba absolutamente avergonzada. Deseaba poder enterrar la cabeza en mi pupitre y desaparecer.

TRES

El juego de las escondidas
(divagaciones de una adolescente)

Después de algunos días me había acostumbrado la preparatoria, y había vuelto a mis viejas mañas. Tal vez algunos les llamarían juegos, pero eran todo menos eso. Yo sentía que era más consciente de lo que sucedía a mi alrededor que la mayoría. Veía cosas que otros no, o tal vez solo las veía diferente. La mayoría de las personas no prestan atención a lo que les rodea, pero yo era una observa-personas. Lo que a otros escapaba, yo lo advertía con facilidad.

No me sentía normal, como suponía que todos los demás eran. Era torpe para las cosas más simples, las cosas obvias. Me sentía como una extranjera – una alienígena de otro mundo – incapaz de ubicar mi lugar en un entorno que debería conocer bien. En el esquema de esta realidad, yo era incapaz de adaptarme a ella. Bien podía usar mi ropa al revés, y no me parecía incorrecto. O podía usar ropa que no combinaba, y no me parecía mal.

Nunca busqué llamar la atención. Eso era peligroso. Y de cualquier forma, ¿quién quiere ser como todos los demás? Eso no era interesante, era aburrido. "Normal" era algo inaceptable para mí. Normal era irracional, impopular, y era ser igual a todos los demás. El normal aceptaba su lugar, nunca cuestionaba nada. El normal no imaginaba, no soñaba, no vivía. Normal era el villano de mi historia y normales eran los monstruos bajo mi cama y en mi armario. Normal, básicamente, nunca podría estar, y nunca estaría, junto a mi nombre en la misma oración.

Además, el **FBI** y la **CIA** andaban tras de mí. Así es como comenzaban los rumores. Yo era algún tipo de experimento ultrasecreto del que nadie sabía nada, ni siquiera yo. ¿Era yo un experimento fallido, o era tan real como las palabras en esta página misma? Solo *ellos* lo sabían. Y *ellos* no estaban dispuestos a hablar.

En mi mente no cabía duda: los hombres de negro un día entrarían a mi aula. Lo podía ver claramente.

Siempre empezaba conmigo sentada en clase. Imaginaba cómo dos hombres entraban. Llamemos a uno Jack.

Definición de un Jack: Los Jacks por lo general son agentes del gobierno. Todos usan trajes oscuros, corbatas negras, y siempre llevan esas gafas oscuras que los distinguen. Todo, claro está, lo proporciona el gobierno. Por supuesto, esas eran solamente mis limitadas observaciones.

Generalmente no los veo sino hasta que están de pie frente a mi pupitre, y no tengo a dónde escapar.

Siempre sucede igual, sin importar los diferentes escenarios. Siempre es así, al igual que los encuentros con Jack —

Lo puedo ver en mi mente. Darth Vader y los guardias imperiales irrumpiendo en el aula. Hasta la NASA está involucrada, la imagen que se materializa en mi mente me atrapa.

¿He mencionado ya que para mí Star Wars es la gran cosa?

"¡La chica — agarren a la chica!" ordenó el Oscuro, su respiración reverberando y consumiendo el aula entera. Mis compañeros miraban, horrorizados, y mi profesor temblaba en un rincón, acobardado cual rata.

"¡Por fin, te tenemos!"

Pero justo en el momento en que Vader y los guardias

imperiales me escoltan fuera del aula, alcanzo a ver a Han Solo y Chewie al final del pasillo. En un instante, me encuentro a media batalla. Láseres rojos y azules pasan volando a mi lado. Esa es mi realidad. Es aquí a donde mi mente escapa durante casi toda la clase, mientras el profesor habla de cosas que hacen que no pueda mantener mis ojos abiertos. Fragmentos de aventuras de película se arremolinan para formar una película épica en la que yo soy la estrella.

En ese momento, me incorporo de un salto y estoy a punto de salir corriendo, cuando de pronto siento una mano posarse sobre mi hombro. De entre el humo surge una voz, interrumpiendo el caos y los láseres. Se hace más y más sonora, hasta que me vuelvo a mirar, y no es Vader quien se alza imponente sobre mí, sino –

"¿Durmiendo en mi clase, jovencita?"

De alguna forma, siempre se dan cuenta cuando alguien está soñado despierto. Tus ojos se nublan y miras fuera de tu mente, a la deriva. Así es de evidente.

Y en un instante, la escena se esfumaba y yo estaba de vuelta en la realidad.

"¿Cuál es la respuesta a la línea trece?" preguntó el profesor.

El aula se llenó de murmullos y susurros, y yo, roja como tomate.

"Silencio, por favor", ordenó el profesor.

Lo odiaba todo. Los profesores siempre me obligaban a hacer cosas que odiaba. Como si quisieran avergonzarme solo por fastidiar. Como si mi vida no fuese ya lo bastante embarazosa, siendo la incompetente social que era.

Después de ese vergonzoso incidente, supe que también los profesores eran parte de todo. Ellos también querían humillarme, y por eso debía evitarlos. Todos eran sospechosos. Todo el mundo estaba urdiendo mi ruina. Yo debía cuidar en quién depositaba mi confianza.

No quería que se descubriera quién o qué era yo. Yo

misma no estaba segura de la respuesta, me lo preguntaba a menudo.

Terminó la clase. Indiana Jones y Luke Skywalker llegaron un poco demasiado tarde a advertirme lo que acababa de descubrir. De una u otra forma les daría esquinazo a *Los Profesores.* Hallaría la manera, me escabulliría siempre que fuera necesario. El personal docente de la escuela también eran cómplices; era un gigantesco complot. Yo tenía una misión.

Con determinación, me apresuré a subir las escaleras en la dirección opuesta para evadir al subdirector, quien se acercaba por el mismo pasillo. Llegué al segundo piso y vi a otro subdirector que caminaba hacia mí. Sabía que tenían mayor autoridad, a diferencia de los profesores, porque llevaban radios. Era evidente que eran el enemigo. Al igual que los profesores. Significaban problemas, al igual que el FBI y la CIA, pero no tenían tanta autoridad como ellos. Me estaban observando. Yo era un experimento social, y todos eran cómplices. Con un poco de inteligencia se les podía detectar. Con la experiencia que yo tenía de observar a las personas, eran, por lo general, bastante evidentes.

Esto no era nada bueno. ¿Se habrían dado cuenta? Me lo pregunté. Por supuesto que no; yo era demasiado inteligente para ellos.

Lo rodeé, él caminado por el pasillo como si nada. Fingía —como casi siempre lo hacen— ser un tipo normal.

Temblando, regresé a las escaleras. Había estudiantes saliendo de las aulas y en los pasillos, se dirigían a sus clases, y me ignoraban. Entre todas las cosas que se puede hacer en la escuela, lo que yo hacía era evitar ser vista por agentes de la CIA o ser aprehendida por el FBI. Porque eso eran ellos. Era difícil esconderme de ellos.

"Tomaré el camino largo". A mis espaldas pude ver las escaleras que llevaban al tercer piso.

Faltando veinte segundos para que sonara el último timbre, según indicaba el reloj-calculadora en mi muñeca, subí corriendo las escaleras y entré con un brinco al tercer piso.

Con cuidado aventuré unos pasos en el pasillo del tercer piso, cuando Sherry se acercó por detrás de mí, y dándome un manotazo en el hombro, se emparejó conmigo. Casi me caigo del susto cuando me rodeó para plantarse frente a mí. Sonreía ampliamente.

"¿Qué hay, qué haces?" La sospechosa sonrisa en su rostro me decía que ya lo sabía. Una luz se apagó en mi mente, hasta que ella sonrió y vi el labial en sus dientes de nuevo – Nah, no creo.

"Voy a clase", dije, un poco frustrada. Me mordí el labio y comencé a alejarme. Ella me siguió gustosa, sin invitación.

"¿Y en qué andas?" preguntó de nuevo. Entonces supe que sí, ella sabía, y estaba jugando conmigo.

Frunció un poco su labio. Su rostro era tan redondo, sus mejillas parecían dos tomates rojos, maduros, y bien definidos. Sus ojos se rasgaban y desaparecían dentro de la masa de su sonrisa de dientes manchados. Parecía estar esperando una respuesta.

"Solo voy a mi clase", repetí, dándome prisa mientras ella se mantenía a mi lado.

"Tienes esa clase con la ita Evans", dijo. Con sorpresa supuse que me había estado siguiendo. Entonces recordé que había visto mis horarios anteriormente.

"Esa profesora es una gran tarada", dijo. Al parecer esa era una frase popular con Sherry; sin embargo, tras haberme ocultado de los profesores todo el día, comenzaba a creerla. "Oye, ven conmigo", me ordenó.

"Pero está a punto de sonar el timbre", protesté.

"Ven. Quiero mostrarte algo", dijo sonriendo.

"¿Qué es? No quiero llegar tarde otra vez". Yo sospechaba de todos, en especial de ella. Además, después de la última vez, era necesario ser más precavida.

"Vamos, te prometo que no vas a llegar tarde. Confía en

mí. Sólo será un minuto. Además, esa profesora es una idiota, no le va a importar".

Miré mi reloj tratando de tomar una decisión. Debí haberme intentado evitarla a ella y no a los subdirectores; estaba claro que esta chica significaba problemas. Sin embargo ¿por qué no confiar en ella? No estaba segura.

Sherry me tomó de la manga y no me soltó hasta que me moví.

"Voy a llegar tarde", chillé.

"No vas a llegar tarde. Vamos, solo ven conmigo. Necesito ir a las oficinas", dijo ella.

"¡A las oficinas! ¿para qué?" Mi voz tembló. Quería llevarme al sitio mismo que yo trataba de evitar.

"Tengo que mostrarte algo. Vamos, será rápido. Si se nos hace tarde conseguimos un justificante. Ven". Parecía muy segura de sí misma.

"No sé…" pero ya estaba caminado de vuelta por donde había llegado. Estábamos en el primer piso, y yo seguía discutiendo con ella. Estaba claro que iría, aunque no era lo que había planeado hacer.

"Ven, vamos, por acá. Conozco al subdirector de noveno", dijo con voz de anticipación y con una risilla.

"Le pediremos un justificante. Nos lo dará. Es un gran tarado; hará lo que sea. Quiero que lo conozcas. Es diverti-do", rio ella.

"¿Qué? ¿Pero por qué, para qué?"

En serio, ¿por qué me daría ese subdirector un justifi-cante? De llegar tarde, sería mi propia culpa. Además, no tenía razón alguna para ir a verlo, solo la idea de Sherry de que le conociera. De hecho, insistió en ello.

Nos detuvimos afuera de las oficinas de los subdirectores. Yo estaba paralizada. No tenía nada que hacer ahí, y sin embargo, ahí estaba. *El enemigo* susurré para mí misma.

Jalé mi brazo liberándolo de su agarre mientras ella abría la puerta.

"Vamos", insistió. "No seas miedosa". Se reía.

"No", gruñí, "ya voy tarde. Quizás en otro momento". Absolutamente no.

"Anda. Ven, entra conmigo. Quiero que hables con él", insistió.

¿Hablar con él… para qué diablos? "¿Por qué?", pregunté con suspicacia.

"Porque sí. Hay algo que quiero mostrarte. Ya lo verás", me aseguró.

Abrió la puerta e intentó jalarme adentro con ella. Me solté de un tirón, ella trataba de sostenerme y mantener la puerta abierta al mismo tiempo. Con medio cuerpo fuera, intentaba jalarme adentro, la puerta bien abierta. Todo el tiempo entre risillas bobas, o riendo abiertamente como una loca.

Di un paso atrás para eludirla. Ella reía como tonta, como si estuviéramos jugando un juego de niños. ¿Era en realidad esto un juego para ella? Así parecía, por la forma en que intentaba sujetarme.

"¡Vamos, será divertido. No seas infantil. Tienes que conocer a este tipo, es divertidísimo!"

Adentro, un subdirector vestido de traje azul marino y corbata salió de la primera oficina y, de pie en la antesala, escribía un permiso para un alumno. Era un hombre bajo, tal vez apenas un poco más alto que el estudiante para quien escribía el permiso. Su oscuro cabello rizado le daba a su complexión una apariencia inmaculadamente pálida. Dirigiéndose al estudiante, entrecerró los ojos al tiempo que curvaba ligeramente una ceja. La expresión de su rostro indicaba una superioridad que todo lo sabe, a la que definitivamente yo no estaba acostumbrada.

"¡Señor CZ!" chilló Sherry entre risas descontroladas, al tiempo que trataba de agarrarme para jalarme adentro con ella.

Me daba demasiada pena mirar adentro. No quería

meterme en problemas con ninguno de los Thomas – uno de los nombres que me gustaba usar para referirme a cualquier figura de autoridad, además de Andersons y Johnsons.

"¡Señor CZ, quiero que conozca a mi amiga! ¡Señor CZ!" gritó Sherry dirigiéndose al hombre en la oficina.

El hombre a quien llamaba "Señor CZ" ni siquiera la volteó a ver. Simplemente dijo: "Ve a clase, Sherry".

Sherry explotó en risas Yo apenas contuve mi propia risa, viendo como su rostro paliducho se animaba, se agrandaba, se ensanchaba.

"¿No es gracioso?" preguntó, mirándome. Yo quería desaparecer. "¡Vamos, señor CZ!" se reía Sherry.

El señor CZ inclinó su cabeza. Sin mirarla directamente, echó arriba los ojos. Extrañamente, era su actitud la que la hacía reaccionar. Había algo en las respuestas de él que la divertían, pero en él el efecto era el opuesto: lo frustraba. Qué par tan extraño eran esos dos.

"¡Vete!" dijo con firmeza. Sin embargo, eso solo le sacó más risas y carcajadas a Sherry. Uno diría que era él quien la exprimía. Bien podría ser así.

Parecía como si esos dos ya tuvieran algo de historia conjunta. Yo deseaba alejarme tanto como pudiera. Después de todo, ya me había hecho una profesión de ocultarme de este tipo de personas.

"Pero señor CZ, necesito hablar con usted", suplicó Sherry. Sonaba como si estuviera divirtiéndose demasiado.

Sherry intentó una vez más tomar mi brazo, pero yo estaba ya demasiado lejos de la puerta. Mientras esta se cerraba entre nosotros, Sherry siguió riendo como loca. El señor CZ lanzó una breve mirada justo en el instante en que la puerta acabó de cerrar. Los alcancé a ver, el señor CZ entrando su oficina, y Sherry tras él. Me pareció tan extraño. La escena que acababa de presenciar me daba vueltas y vueltas en la cabeza.

Sherry había desaparecido en el interior de la oficina de

subdirectores. Sentí alivio: sentí que, por el momento, había eludido al enemigo.

Me fui caminando, sin estar segura de en qué cosa había sido partícipe. Subí las escaleras una vez más, tratando de evitar a los subdirectores que acechaban en los pasillos. Aceleré, apresurándome por los pasillos con la esperanza de ganarle al timbre, pero sabiendo que llegaría tarde. De nuevo el profesor me fulminaría con la mirada por entrar al aula con retraso. Iba rezando con la esperanza de que no me enviaran a la oficina de los Thomas.

El señor 'Smiley' CZ

Traté de dejar de pensar en Sherry y concentrarme en llegar al final del día. Sin embargo, no acababa de entenderla, y eso me irritaba.

El día siguiente fue más o menos igual. Entré a clases, seguí la rutina de cualquier adolescente, y pasé mi hora de gimnasio sentada en las gradas tan pronto los profesores nos dejaron libres. No vi a Sherry, aunque pensé en ella y me pregunté por qué no había llegado a clase. En cierta forma, sentí alivio. Tampoco la otra chica estuvo ahí. No permití que eso me molestara.

Continué mi día normalmente, recorriendo los pasillos, entrando a clase, siguiendo mi rutina de sentarme sola al fondo del aula e intercalar a hurtadillas dibujos en la libreta que contenía todos mis escritos. Muchos de los apuntes de lo que yo llamaba mi 'diario' consistían en relatos e ideas. Aceptémoslo: mi vida no contaba con suficientes eventos interesantes. Casi todos los relatos trataban de aventuras que hubiera preferido vivir. Los temas del momento para los chicos de mi edad eran las películas más recientes: *Hell Raiser, Freddy Krueger...* yo dibujaba todo esto y lo acompañaba de algún relato corto en el que mis amigos y yo escapábamos de las garras de estos monstruos. Cuando acababa una clase, me encontraba de nuevo en los pasillos de Middleton, batallando con las masas de estudiantes y tratando de llegar a mi siguiente clase y al mismo tiempo eludir a los adultos cual si fuesen la plaga.

Caminando por el pasillo, alcancé a ver la oficina de subdirectores, y vi al señor CZ salir de ella. Me lanzó una mirada breve y siguió con sus asuntos como si yo no existiera. La mayoría de los adultos se comportaban de esa forma con todos los chicos, pero, por alguna extraña razón, yo sentía que todo el mundo – sin importar de quién se tratara– siempre trataba de evitarme *a mí*. Supongo que yo les incomodaba. No tenía el menor sentido de la moda, y mucho menos tenía habilidades sociales. Prefería aislarme, dibujar, y escribir. Esas sí eran cosas que podía entender.

El señor CZ parecía estar hablando con otro profesor o subdirector mientras sostenía abierta su puerta. Logré pasar y echar un vistazo o dos. Quería descubrir por qué a Sherry le parecía tan interesante el tipo. ¿Qué puedo decir? De pronto, me había dado curiosidad.

Si acaso volteó a verme, no me enteré. A veces una puede saber si alguien te voltea a ver furtivamente. Él sonreía de esa forma extraña todo el tiempo mientras hablaba, como ese gesto socarrón y condescendiente que le diriges a alguien justo antes de dispararle por la espalda. No sé por qué, pero parecía como si él supiera algo, y se trataba de algo muy, muy malo.

Después de una semana de acostumbrarme a la rutina de la escuela y a mi horario de clases, navegar por los pasillos resultaba ya más fácil. Me había vuelto experta en evitar las áreas donde sabía que acechaban ciertos subdirectores. Las clases parecían pasar volando. Los primeros días siempre eran así, mientras los profesores organizaban sus planes de estudio. La clase de arte era divertida, pero nunca fue un reto para mí. Educación Física era aburrida y una pesadilla social, porque siempre sentía que llevaba demasiada poca ropa encima. Eso sin mencionar que odiaba cambiarme frente a otras chicas con mejor figura.

Habían terminado ya las primeras clases. Yo estaba caminando en dirección al comedor. Más adelante, el pasillo había sido bloqueado: había una barricada, una especie de reja, para impedir que los estudiantes regresaran al otro lado durante su hora de almuerzo. ¿Quién habría pensado en esa tontería?

Al otro lado de la reja, había un hombre alto con un traje verde oscuro y corbata negra. Estaba cerca de las máquinas expendedoras de Coca-Cola. Era evidente que algo urdía, por la forma en que se paraba como si no tuviera idea. A veces eso era mucho más obvio que fingir que no sabes lo que haces.

Acercándome yo al comedor, sonó el timbre. En cuanto al hombre parado cerca de las máquinas, no parecía un profesor. No vestía como un profesor. Llevaba un radio y parecía estar montando guardia en el sitio. ¿Podría ser del FBI? Lo pensé por un momento. *Te he descubierto,* le dije en mi mente, y sonreí. Aunque viéndolo bien, parecía ser uno de esos subdirectores.

Después de estar ahí parado durante lo que me parecieron unos minutos, se dirigió al comedor. Me colé por la barricada. Ya que se había ido, era seguro continuar mi camino.

Seguí andando por el pasillo, tratando de concentrarme en mi almuerzo. Siempre me pareció que era el mejor momento para pensar.

Vi a Sherry. Intenté eludirla, pero desafortunadamente, también ella me vio, y se acercó de prisa, llamándome desde mis espaldas. Me avergonzaba la forma en que me gritaba, de modo que seguí andando. ¿Sería obvio para quienes estaban cerca que trataba de evitarla? Al parecer no lo era para Sherry, y de hecho, me sentí mal. Me detuve a esperarla. ¿Qué puedo decir? Soy una buena persona. A veces, creo que soy demasiado buena.

"Eh, ¿A dónde te fuiste? ¿No me viste haciendo señas desde allá? ¿No oíste que te estaba llamando?", preguntó.

"¿Ah, sí?", contesté con tono inocente.

"Sí, gran tarada. Estaba justo ahí". Señaló en la dirección por donde había llegado. Se veía agitada, jadeando para recuperar el aliento.

"¿Por qué te fuiste?", preguntó Sherry emparejándose conmigo. Asumí que se refería a por qué la había dejado en la oficina del subdirector en vez de entrar con ella.

"Te lo dije, no quería llegar tarde a clase", dije. Aún estaba algo molesta por lo que me había hecho. No creo que ella lo entendiera.

Comencé a andar, pero ella me seguía como cachorro perdido. Yo no buscaba compañía. Me gustaba estar sola, y no agradecía su presencia. Sin ánimo de ofenderla, pero me gustaba mi soledad. Nunca fui muy buena para eso de las amistades. La gente tendía a pensar que era rara, y yo muchas veces pensé que eso en realidad era algo bueno. Supongo que no lo era… al menos eso es lo que mis padres, y otras personas afirmaban.

"Ya olvida eso. No habrías llegado tarde, el señor CZ te habría escrito un permiso, mira". Me mostró un papel. En efecto, era un permiso firmado por el tal señor CZ. Lo supe porque se aseguró de que leyera el nombre en el papel que sostenía en su mano. Y tal cual, decía 'Sr. CZ' con letra mal hecha. Me hizo notar ese detalle también. Se reía de la mala caligrafía.

"Bueno, yo no lo conozco tan bien como tú. Así que no veo por qué habría de darme un permiso", argumenté. Para mí, tenía perfecto sentido. ¿Por qué habría de darme un permiso para llegar tarde debido a una decisión personal que yo tomé?

"Por eso quería que entraras conmigo. Quería presentarte con él. Es gracioso. Me platica cosas". Ella sonrió.

Fruncí mi nariz. "¿Cosas? ¿Qué tipo de cosas?" La miré con sospecha.

"Solo cosas. Como que no le gustan los profesores porque

se quejan de todo. A veces platica de cómo no soporta a otros subdirectores porque nunca hacen nada. Es gracioso".

Me dirigí a la máquina de Coca-Cola mientras ella seguía parloteando sobre el señor CZ y sus desagrados por otras personas. Puse algunas monedas en la máquina, pero en cuanto de esta salió mi Coca-Cola, Sherry la tomó. No tuve opción: compré otra. Yo no acostumbraba a comer almuerzo, usaba mi tiempo libre para observar a la gente y para dibujar.

En cuanto a Sherry, ella solía decir, "¿Comer? Comer es para tarados. No tengo tiempo para eso. Además, así tenemos más tiempo para platicar sin toda esa comida entrometiéndose". Sherry era un poco pasada de peso. No es que eso importara, pero me parecía extraño que no comiera nada y aun así fuera redonda por donde la vieras.

Más tiempo para platicar de su nuevo amigo el señor CZ, pensé. Me hacía dudar si estaba enamorada de él, o si solo estaba jugando un juego de escondite, como lo hacía yo. Parecía ser bastante buena jugadora. Me parecía valiente y atrevida al introducirse a sus oficinas y molestarlos solo para resultar premiada con permisos para llegar tarde a sus clases.

Con nuestras respectivas bebidas, nos dirigimos al comedor. El comedor estaba repleto de estudiantes; había tanto ruido que teníamos que hablar más fuerte para escucharnos una a la otra; una muy mala idea si vas a hablar de las personas, por eso yo siempre usaba nombres en clave.

"¿Hace cuánto tiempo que te hablas con él?" pregunté a Sherry, refiriéndome al señor CZ.

Estábamos de pie, dentro del comedor, mirando alrededor y bebiendo nuestras Coca-Colas. Yo no acostumbraba a sentarme. Caminamos hacia el extremo del comedor, donde dos subdirectores estaban apostados observando al cuerpo estudiantil.

"Hace tiempo. Es gracioso, deberías ver lo que hace", dijo Sherry.

¿Lo que hace? Me pregunté, pero no iba a preguntar. Parecía ser una trampa.

De pronto, Sherry gritó, "¡Mira! Es VZ. ¿Qué se trae ese gran tarado? El señor CZ dice que parece *Gumby* con ese traje estúpido. Y está tan orgulloso de él". Se rio fuerte. Yo me sentí de inmediato apenada. Sherry se comportaba como si los conociera muy bien. Tomó un sorbo de su Coca-Cola y los observó. Era muy extraño.

Nos quedamos tan lejos de ellos como era posible, pero asegurándonos de tenerlos a la vista. Al menos yo lo hice así.

VZ era el hombre del traje verdoso. Ahí estaba, de pie, con su radio en la mano; parecía estar incómodo. Miraba alrededor, a un lado y a otro. De pronto, miró hacia nosotras. Dudé si nos veía o no directamente. Por supuesto, cualquier persona normal lo dudaría, pero sentí como si nos observara, y Sherry sintió lo mismo.

Había otro hombre al lado de VZ. A diferencia de VZ, quien lucía un bigote espeso y cabello castaño, este otro tipo era rubio, sin mucho cabello en la cabeza: lo poco que tenía apenas era visible. Era tan rubio y pálido que el cabello literalmente se camuflaba con su cabeza. Sus ojos azules eran enormes y desproporcionados. Usaba una camisa blanca de botones, corbata negra, pantalón de vestir oscuro, y zapatos formales negros brillantes. Se parecía a Ed Harris, el actor.

"¿Eso dice el señor CZ?", interrogué, notando que no había respondido a mi anterior pregunta.

"Sí. También dice que el Sr. J lo fastidia hablando todo el tiempo de sus vacaciones. Lo vuelve loco".

"¿Quién es el Sr. J?" Pregunté con tono estúpido.

"Es tu subdirector, tarada. El que está junto a VZ", dijo burdamente, señalándolos con el extremo de su botella de Coca-Cola. Después bebió de ella como si estuviera muriendo de sed.

De modo que así se llamaban los Thomases. No es que me

importara mucho, pero ahora lo sabía. Con nombres en clave nadie sabe en realidad de quién hablas. Solo tú lo sabes.

"También dice que el Sr. J es un absoluto payaso", continuó Sherry. Bebió otro trago.

Payaso, pensé, considerando que ese era un perfecto nombre en clave para el Sr. J. Me di cuenta de que VZ ya había sido etiquetado con el nombre perfecto gracias al señor CZ: *Gumby*.

Pensé en lo que había dicho Sherry, y observé a los subdirectores. Me quedé ahí, absorbiendo a todos y a todo. Sentía que todos me observaban, incluso *ellos*. Yo podía, en cualquier momento, abstraerme en mis pensamientos hasta que alguien me despertara. Era como escuchar al mundo a tu alrededor desde adentro, y de pronto despertar con alguien llamándote, "¡oye, ¿me estás oyendo?" ¿A dónde te fuiste?" Eso siempre era inquietante, y en cierta forma vergonzoso.

Sherry me lanzó una extraña mirada mientras me preguntaba precisamente eso.

En medio de este momento de divagar, de pronto noté cómo los ojos de Sherry se encendían. Casi se paralizó, su mano dio un golpe duro a mi brazo tratando de llamar mi atención – cosa que ya tenía.

¿Qué le pasaba? Estaba a punto de decir algo, cuando me tomó por la manga conteniendo el aliento. Dirigí mi vista a la entrada, donde un hombre hacía aparición. Era indescriptible la forma en que ella se comportaba, como si quien había entrado fuera su estrella favorita de rock. Lo reconocí, era el mismo hombre de la oficina exterior. La oficina a la que Sherry había intentado arrastrarme… el mismo hombre al que yo había visto en el pasillo con esa sonrisa condescendiente en su rostro. Debe haber sido de mi estatura, tal vez unos centímetros más alto que yo. Era bajo.

Se lanzó adentro, al centro mismo de la masa de estudiantes. La masa se dispersó, como si nadie quisiera tener nada que ver con él. Su traje azul lo delataba, no cabía duda alguna: era un Thomas. *Uno de ellos.*

No podías evitarlo ni ignorarlo aunque quisieras, era un acaparador de atención. Atraía a Sherry como un imán. Había algo en él que ella no podía sacudirse. Yo podía verlo: el entusiasmo de Sherry aumentaba. Su sonrisa se agrandó, sus ojos centelleaban, su pálido rostro brillaba y se tornó más rosado, radiante, y amplio.

CZ entró deprisa, pasó a toda velocidad por entre los estudiantes.

Había un dejo de torpeza en su caminar, que lo hacía ver algo cómico. Sin embargo logró hacer una entrada digna que demandaba atención. No me impresionó. De no haber sido por los ojos enormes de Sherry, exigiendo que lo mirara, lo habría ignorado por completo. Si tan solo pudiera comprender por qué tanto alboroto, o la urgencia de su interés por este hombre, entonces, tal vez. Sin embargo, no lo entendía.

Los labios de Sherry se abrieron y embadurnaron de labial sus dientes chuecos. Sus rollizas mejillas enrojecieron hasta igualar el color de sus labios.

"Ahí viene". Sherry apenas respiraba de la emoción.

"¿Quién?" dije yo, la Coca-Cola aún en mi mano. No había bebido mucho, cosa que solo noté cuando hice el movimiento de beber y sentí su peso.

"¡El señor CZ, tu subdirector!", exclamó ella. "¿Te acuerdas? Estaba hablándote de él, de cómo platica conmigo. Es gracioso. Me dijo que iba a venir por acá".

¿Eso dijo? Pensé yo. ¿Y por qué le diría eso a una absoluta tonta? Por supuesto, no dije nada de eso.

Fruncí el ceño. Me daba cuenta de cuán loca parecía Sherry. En realidad no le había prestado atención cuando me habló de él. No me había interesado.

"Entonces, ¿hablaste con él?" pregunté, tratando de reactivar la conversación.

No lograba comprender por qué ella hablaría, por su propia voluntad, con cualquier adulto. ¿Qué teníamos en común con profesores y subdirectores? Las normas, el enemigo, los Thomases.

Tenía que haber una buena razón para dirigirle la palabra a un adulto al que claramente le quedaba la etiqueta de Thomas. Extrañamente, yo quería una explicación, algo que le diera sentido. Lo podía ver en su rostro. Tenía que haber una razón.

"Todo el tiempo", Sherry respondió a mi pregunta con voz entrecortada y sin dejar de sonreír, viendo al señor CZ que se retiraba. Yo lo escudriñé, y después a ella. ¿Por qué darle tanta importancia a este tipo? No lo veía.

De algo estaba segura: Sherry parecía querer ir a hablar con él. Pero, aunque lo deseaba, por alguna razón, no se movió.

Lo observaba desde donde estábamos todo el tiempo. Mientras que otros estudiantes lo recibían con sonrisas y saludos, ella titubeó. Lo único que pude ver en ella fue su mirada absorta y su boca abriéndose una o dos veces antes de que una sonrisa reapareciera. Asombroso: este tipo era popular. De inmediato sentí curiosidad. No quería admitirlo, pero ahora tenía mi atención.

Después de un momento, me dio un pequeño empujón. "Vamos a hablar con él".

La miré como si tuviera langostas saliendo por la nariz.

"¿Qué?", fue lo primero que salió de mi boca, seguido de otra pregunta, "¿Por qué?"

"Vamos, no nos va a morder", insistió ella. No quise decirlo, pero a mí me parecía que bien podría hacerlo.

El señor CZ atravesaba el comedor de un lado a otro a toda prisa. ¿Es que algo lo perseguía? De pronto entendí que simplemente era su forma de moverse. ¿Era yo la única a quien le parecía cómico?

Me reí al verlo desplazarse por el comedor. La singular

sonrisa de ese hombre se dibujaba en su pálido rostro, la misma sonrisa que le había yo visto a la entrada de su oficina. Era bueno en eso de hacer caras.

"¿De qué se ríe?" pregunté sin pensarlo, viéndolo deslizarse por todo el comedor.

El señor CZ no era alto, como la mayoría de los otros subdirectores, pero eso no era lo raro en él. Su cabello oscuro y complexión algo ligera le distinguía de los demás miembros angloamericanos del personal. Era extrañamente más apuesto que la mayoría de los profesores.

"Parece una carita feliz", comenté. Era cierto, lo juro. Había algo en la forma en que sonreía, y en la forma en que portaba su sonrisa.

"¿Cómo lo llamaste?" Sherry soltó una risilla, reprimiendo una risa ahogada desde su boca manchada de rojo. Yo estaba segura de que me había escuchado. Casi había soltado la carcajada mucho antes de pedirme que repitiera lo que había dicho. Pero quería que lo repitiera. De hecho, estaba ahogándose con su Coca-Cola, a punto de derramar lo que ya estaba en su gran bocaza.

"Es una carita feliz. Un *Smiley*. Es lo que parece", repetí, bebiendo mi Coca-Cola. Intentaba justificar mi observación.

Sherry reía con más fuerza. Pensé que todos en el comedor nos podían escuchar burlarnos del subdirector. Ella jadeaba como si estuviera a punto de aullar y dejar de respirar por completo si yo decía otra tontería. Así que lo hice, porque estaba en mi racha, no podía detenerme así como así.

"Espera, tengo uno mejor: ¿Speedy? Speedy CZ".

"¡Speedy CZ! Qué risa, está muy bueno. VZ lo llama 'el huracán', pero este me gusta más. No; me gusta más 'Smiley', ¡Sí!" Mirándome, se reía al tiempo que intentaba no escupir su bebida sobre su chaleco negro. Falló.

"Lo voy a llamar Smiley. Y le voy a decir que tú le pusiste ese mote. Y le voy a decir todo lo que dijiste". Fruncí el ceño, y ella explotó en risas una vez más.

Yo sentía que todos nos estaban viendo. Traté de no sonrojarme, pero era difícil no hacerlo si estaba pensando en eso.

Sherry terminó su Coca-Cola en unos instantes. Estoy segura de que se daba cuenta de cuánto temblaba. Podía verla claramente, estaba entusiasmada y saturada de cafeína. Sus palabras me habían puesto de nervios.

"¿Qué? Pero ¿por qué?" balbuceé, notando con la mente un poco más en claro, lo que amenazaba con hacer.

"Le voy a decir al señor CZ lo que dijiste y cómo lo llamaste, Speedy CZ". Me dirigió una sonrisa torcida y repitió una vez más el nombre. "Lo hará enojar bastante. Pero es gracioso. Eres boba… ¿Smiley?" Me mostró sus dientes y aulló como hiena. "Eso no le va a gustar a Smiley". Sin dejar de reír me señalaba con el dedo.

Me arrepentí un poco de haberlo pensado, o por lo menos de haberlo dicho. Aunque en realidad, a ella le encantó.

"Me gusta, y creo que lo debemos llamar Smiley. En verdad me gusta", repitió.

Yo odiaba la idea de que algo que yo había creado fuera usado para meterme en problemas. Además, estaba el temor de que Sherry le dijera al señor CZ lo que yo había dicho, eso me aterrorizaba. Tal vez solo intentaba asustarme, pero lo dudaba. Ella significaba *problemas*.

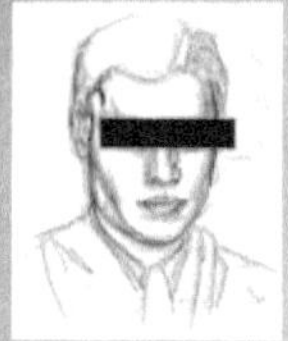

CINCO

Mi nueva realidad

En poco tiempo Smiley se integró a nuestras conversaciones diarias. Sherry no podía dejar de hablar de él. No quería hacerlo. Y era básicamente lo que único que yo oía siempre que estábamos juntas. Cada vez que salía de un aula, ahí estaba Sherry con alguna novedad acerca de Smiley. Siempre que estábamos en el comedor o caminando a una clase, sacaba el tema de Smiley. Comenzaba a acostumbrarme a oír hablar del hombre. Estaba, de hecho, tan acostumbrada, que si ella no lo mencionaba, yo preguntaba. "¿Y cómo está hoy Smiley?"

Ella de inmediato respondía algo como, "El otro día dijo algo gracioso que olvidé platicarte".

Yo me preguntaba si eso sería verdad, pero en realidad no me importaba. Solo quería escucharlo. Estaba enganchada. Era un interesante remanso en medio de la rutina diaria de la escuela y la tarea.

En cuestión de días, había aprendido todo lo que se podía saber sobre Smiley.

"¿Sabías que Smiley es alcohólico y golpea a su esposa? También tiene un hijo que se llama Rubén. Le dicen 'Alemán' porque su esposa lo tuvo cuando estaban de vacaciones en Alemania", dijo Sherry entre risas... Y básicamente así comenzaba sus conversaciones, soltando de golpe algo que había aprendido o escuchado sobre el hombre. Era extraña.

Siempre había alguna novedad. Cada día había un dato nuevo, una nueva lección acerca de Smiley. No había ya casi nada que no supiera yo del tipo, pero cada día había algo nuevo. Ella disfrutaba sorprendiéndome y viendo cuán rápido podía hacer que la atención se concentrara en ella de nuevo. Yo rara vez tenía oportunidad de decir nada. Yo era la escucha, ese era mi papel. Sherry... bueno, ella era la narradora, la soplona de la escuela.

Los *Smileydatos*, como comencé a llamarles, ascendieron a la cantidad de... ya no estoy segura. Creo que perdí la cuenta a unos meses del año escolar.

Ese día no fue diferente. Una vez más hablaríamos de Smiley.

"Smiley es todo un esnob adinerado; dice que le gusta conducir su Mercedes azul a la escuela solo para molestar a los profesores. Le tienen envidia, porque dice que tiene una casa de tres pisos con un establo precioso y tres caballos pura sangre. Dice que no es su culpa ser rico. Ellos tal vez deberían trabajar como él; después de todo, es un *trabajólico*". Sherry rio fuerte. A veces resultaba embarazoso caminar a su lado cuando hacía eso.

Si escuchaba una palabra más, iba a enloquecer.

Intentaba oírla, y asentía para no parecer insensible. Tengo que admitir que me divertía un poco. Definitivamente me distraía de las actividades escolares diarias con las que una tiene que lidiar. Podía imaginar a Smiley en su hermosa casa, montando su caballo negro por el patio trasero. Trataba de no hacerlo, pero no podía evitarlo. Lo imaginaba conduciendo a la escuela en su Mercedes azul, lo veía salir de un brinco con el capote abierto, y con un giro poner la alarma y al mismo tiempo echar un vistazo a su Rolex, para después dirigirse al edificio de la escuela con su portafolio en mano. Trillado, pero lo podía visualizar.

Sacudí la cabeza y volví la vista al rostro grasoso de Sherry. Seguía hablando de su héroe, Smiley.

"¿Y el tipo está casado?", solté, con incredulidad. Sencillamente no lo podía creer. ¿Cómo lidiaba su esposa con un personaje como él?

Sherry me miró frunciendo el ceño. De pronto tuve un mal presentimiento. Cuando en sus labios se dibujó una gran sonrisa, supe que estaba en problemas.

"¿Por qué, te interesa?" bromeó Sherry. Comenzó a carcajearse cuando me vio tornarme rojo intenso. Sentí mis mejillas arder. Me había atrapado. Yo sola me había echado la soga al cuello.

"¡No!", apresuré.

No había pensado en cómo iba a tomar ella la pregunta, hasta que ya la había escupido. Vaya, era una pregunta sencilla. ¿Quién podría imaginar estar casada con ese hombre? Y, bueno, eso era lo que yo hacía casi siempre: imaginar. Podía ver su enorme mansión, y a él, conduciendo su auto azul costoso. Me daba asco, y quería saber más sobre el tipo. De cualquier forma ella moría por contarme cada novedad que descubría.

Sherry reía como endemoniada. "No te preocupes, Smiley es soltero". Me dio una palmada en el hombro y me dirigió un guiño. Eso me frustró.

"¡No!" No quise decir *eso*". Mi negación solo la hizo reír más. Me miró fijamente esperando sacarme más información.

"Vamos, sabes que sí", insistió.

"¡No. Sabes bien que no quise decir eso!", grité.

"¡Sí, claro!" Sherry arqueó una ceja. "Esta se la tengo que contar a Smiley", bromeó.

"¡No quise decir eso, y tú lo sabes!", exclamé. Estaba alzando la voz, frustrada. Me sentía abrumada y avergonzada.

"¡Relájate!", insistió Sherry, con una sonrisa condescendiente, como si yo me estuviera portando como niña. Tal vez había exagerado en mi reacción. Pero no podía evitarlo. No quería verme involucrada con el Thomas.

"De todas formas, Smiley sí estuvo casado con una profesora de arte que trabajaba aquí en Middleton. Pero ahora está divorciado. Así que es soltero. Así que otra vez te pregunto: ¿te interesa?" Arqueó una ceja y me dirigió una sonrisa.

"¡No!", exclamé.

Sherry sonrió, dudando de mi palabra. Se burlaba de mi angustia. Vaya, hasta yo empecé a pensar que sentía algo por Smiley.

"Y bueno, ¿quién era ella?", pregunté con curiosidad. Esperaba cambiar el tema.

"Una profesora de arte, la señora Smith. La has visto por ahí. Tiene el cabello corto y negro, y siempre usa ropa negra. Se parece a Siouxsie, de las Banshees. ¿Ya sabes de quién hablo?", dijo Sherry

Sí lo sabía. Recordé haberla visto entrar y salir de la oficina de subdirectores. La había visto en el pasillo alguna vez, entre clases. En verdad vestía solo de negro, como Sherry había dicho. Su cabello era corto y oscuro. De hecho, tenía un gran parecido con Siouxsie. Había sido yo quien había comenzado a llamarla 'Siouxsie'. Siempre la veía caminando en los pasillos, pero hasta ese momento, no había sabido quién era.

Sherry agregó que la señora Smith no usaba el apellido de Smiley porque era una mujer independiente. Eso explicaba ese punto. Parecía tener una respuesta para todo, ya fuera que yo le preguntara o no.

"Era demasiado obstinada para el gusto de Smiley. Por eso su matrimonio acabó en un divorcio. A Smiley le gusta ser el que controla todo", me informó Sherry, frunciendo el ceño como queriendo decirme algo.

Entendí, y torcí arriba mis ojos con un suspiro. Quería que ya dejara ese tema, pero no lo hizo. Cuando Sherry empezaba con algo, seguía con lo mismo hasta agotarlo. Desafortunadamente, eso lo aprendí a las malas.

Las historias que podría yo escribir sobre este tipo, pensé. En los periodos escolares, hacía exactamente eso. La historia de Smiley era solo el principio. Me atraía la cantidad de posibilidades que tendría para con un personaje como él, eran innumerables. A eso siguieron dibujos, que a su vez revelaban más detalles de lo que podría conllevar la historia. Lo escribía todo en mi diario.

"Y por cierto, ¿sabías que Smiley enseña matemática financiera y cálculo en el aula del segundo piso?", reveló Sherry, volviendo a su temática favorita. Caminábamos de nuevo a clase. Revelar información nueva y que yo la escuchara con interés, la hacía sentir superior. Era difícil no escucharla, las historias de Smiley se habían convertido en una telenovela barata. A esas alturas, me sentía parte del argumento.

Era como estar ahí, cara a cara frente a Smiley, cada vez que él le decía todas esas cosas a Sherry, porque, de alguna manera, ella me involucraba. Era como si ambas nos habláramos con Smiley, y no solo ella. Ambas estábamos en esa oficina en compañía de un hombre que no había sido más que un completo desconocido hasta el día en Sherry lo reveló. Y ahora era el villano en una de mis historias, y ella había comenzado a introducir nuevos personajes. A veces soltaba nombres que yo no había escuchado antes, profesores que para entonces ya debería conocer. A veces, sus historias incluían a los otros subdirectores, y en ocasiones incluso al director mismo. Yo no conocía a ninguno, pero ella hallaba la forma de darles personalidad y convertirlos en personas reales para mí. En un principio, me parecían personajes de historias, sobre todo porque era difícil imaginarlos portándose como ella lo describía.

Y al igual que la historia que yo escribía, me preguntaba cómo iba a terminar esta. Siempre cambiaba, como resultado de los eventos del día o la semana. Nuevos datos descubrían nuevas ideas, nuevos escenarios. Era un trabajo en proceso constante.

Y no importaba cómo escribía la historia, siempre resultaba la misma. Yo estaba varada en una isla con Smiley. Sin embargo, no estábamos solos. Había otros que aún no me habían sido revelados tan claramente como Smiley. Aunque conocía sus nombres, sabía que Sherry los haría evolucionar con el tiempo, como lo había hecho con Smiley.

Comenzaba así: *Era una noche oscura y fría.* (Como comienzan casi todas las historias). *El viento arreciaba, y ululaba sobre el horizonte. Mientras la oscuridad se acercaba cada vez más, cubriéndolo todo, haciendo suyas y silenciando a todas esas creaturas inquietas. Un grupo se arrastró por la playa. Siete rostros adolescentes se separaron del grupo, desconocidos, sin nombres. Desde el grupo, cinco rostros mayores atisbaban en la negrura.*

Ya no había rayos de sol que bailaran o brillaran sobre sus angustiados rostros. La noche se lo había tragado todo, y lo había hecho rápido. Mojados, cansados y con frío, cada minuto que pasaba era otra herida a sus egos, otro momento para darse cuenta con horror, de que estaban atrapados juntos en esta situación miserable. Varados todos en algún lugar, y sin embargo, en ningún lugar.

A lo lejos, una joven estaba sentada. También con frío y mojada. Estaba sola, guardaba una silenciosa distancia del grupo que ahora la despreciaba. Esa joven era yo.

Todavía no tenía muchos detalles. Como dije, era un trabajo en proceso.

"¿Sabías que Smiley odia a los mexicanos?", soltó Sherry, rompiendo mi silencio. Mi trance de escritor, lo llamaba yo. Me desagradaba que hiciera eso.

¿Por qué diría eso, de pronto? Ya nada de lo que ella decía me sorprendía, porque no había dejado de asombrarme.

"¿No es él mexicano?", la corregí.

Otro dato sobre CZ surgido directamente de su secuaz, Sherry. Algunos datos eran, en el mejor de los casos, ridículos.

Pero igualmente lo dijo, "Smiley odia a los mexicanos. Odia a su mamá, porque es mexicana. Smiley tiene algún problema con su madre. Smiley prefiere llamarse a sí mismo italiano cien por ciento, como su padre".

"Entonces ¿es mitad mexicano y mitad italiano?", pregunté. Tal vez ya había recibido demasiada información, y comenzaba a parecerme aburrida y repetitiva. Necesitaba corroborar mis datos. Estaba escribiendo un evento de mi vida que incluía a Sherry y a Smiley. Tal vez una futura biografía, no estaba segura aún. ¿Sería una comedia, o una novela seria?

"¿Cómo puede ser?", fue mi tonta pregunta. No era lo que quise decir.

"Es así: la mamá de Smiley es mexicana, y se casó con un hombre italiano", me explicó Sherry. "Para poder ser mitad de algo, pues tienes que ser mitad de otro algo. ¿Necesito hacer un diagrama?", preguntó, algo grosera, con un gesto de exasperación. Una vez más, yo sola me había echado la soga al cuello. "O tal vez quieres que Smiley te lo explique. Lo hará si se lo pido, pero te va a mirar como bicho raro. Y aunque no lo diga, tal vez piense que eres idiota. Aunque conociéndolo, yo creo que solo te lo va a explicar". Sherry se rio, e hizo su mejor imitación de Smiley. ¡Vaya que era buena para eso! Era casi tan buena como lo era para hacerme sentir una tonta.

"Es todo un personaje", dijo Sherry.

Cierto. Ella era otro.

Lo más que pude hacer fue quedarme ahí parada, como una idiota, haciendo mi mejor esfuerzo por sonreír, en la forma que siempre lo hacía cuando alguien me insultaba. No parecía incomodarle nunca eso de insultarme. Y yo nunca estaba segura de que ella siquiera supiera que me estaba insultando. A veces, me tomaba del hombro y decía: "Es una broma. Vamos, te invito una Coca-Cola", o alguna otra estúpida frase de película como esa, en un intento por compensarme por lo que me habría dicho antes.

"Eso es lo que dijo Smiley". Sonrió. Intentaba comenzar

con un tema nuevo, para despejar la incomodidad entre las dos, mientras yo sacaba mis cosas de mi locker. Yo hacía mi mejor esfuerzo por fingir que no me había molestado, trataba de ignorarla, pero ella nunca lo permitía.

"Smiley es un mujeriego. Dice que le gusta acostarse con una y otra, y que engañaba a su esposa", dijo, con la esperanza de ponerme en 'modo Smiley'.

Encogí los hombros, fingiendo que no me importaba, e intenté oírla con desinterés. Como fuera, era divorciado. ¿Por qué no podría divertirse?

Sherry notó que yo no estaba mordiendo el anzuelo. Tal vez había dicho todo lo que tenía que decir sobre alguien a quien conocía. O tal vez no. En realidad yo estaba demasiado absorta en mi propio mundo como para interesarme. En ocasiones me iba ahí y nada podía sacarme. Podía estar en mi habitación, creando, o incluso en clase, solo pensando mientras el profesor hacía lo suyo. Yo hacía lo necesario para sobrevivir y para ser yo misma. A veces, me dejaba ir al interior de mi mente y me quedaba ahí.

"Al señor CZ — quiero decir, a Smiley — le gusta quejarse de todos y de todo", dijo Sherry desesperadamente, intentando una vez más capturar mi interés. ¿Para qué lo hacía, de todas formas? Admito que sí me entretenía. Me había dado algunas ideas para mis escrituras; incluso diré que hacía de mi vida en Middleton algo un poco más interesante. Mi diario se iba llenando de más aventuras. Era muy diferente a lo que viví al principio del año escolar. Pero ¿quién era él en realidad? ¿En verdad me importaba?

Comencé a caminar, después de haber cerrado mi locker de un golpe. Ella se apresuró a seguirme el paso, intentando examinar mi rostro para saber si la estaba escuchando.

Era solo cuando caminábamos por los pasillos que Sherry se tomaba el tiempo de indicarme con qué profesoras se había acostado Smiley, en su intento por recuperar mi interés sobre el tema de su amigo Smiley. Quizás trataba aún de pensar en algo más para decirme sobre el hombre de quien parecía disfrutar tanto hablar. Pronto descubriría otra de mis debilidades.

"¿Sabes? A Smiley le gusta el arte. De hecho, le gusta presumir lo bueno que es". Sonrió cuando le dirigí una mirada.

Por poco y tropiezo.

"Hasta dice que es mejor que tú", exclamó para hacerme enojar.

No me hizo gracia. Me estaba provocando.

Rio al ver la duda en mi expresión. Yo estaba roja de la envidia. ¿En verdad él había dicho eso? El arte era mi vida, ¿cómo se atrevía? Esa era lo único que yo tenía. Lo único que yo sabía hacer.

Tranquila, me dije a mí misma, *Smiley es solo otro Thomas o Anderson*. Era solo como el resto de ellos.

No lograba discernir si en verdad me la tenía jurada, como Sherry parecía insinuar. Él era parte del sistema, y eran grandes engañadores. No se daban cuenta. No me entendían. Su traje lo delataba.

No pude evitar sentir cierta incomodidad en el aire a mi alrededor. Sabía que lo único que necesitaba hacer era esperar, y vería que todos mis temores eran fundados.

SEIS

El chico de la Preparatoria Austin

Era otro día. Salíamos del comedor y el tema de conversación era, por supuesto, el mismo. Noté que nos acercábamos a la oficina de subdirectores. Me mordí los labios, sabiendo bien que en cualquier momento Sherry intentaría de nuevo arrastrarme adentro en contra de mi voluntad. Ya lo había hecho más de una vez antes. Siempre intentaba convencerme de que estaba bien, de que yo debía y necesitaba hablar con Smiley. Simplemente "tenía que conocer a este tipo". Esas eran sus palabras. ¿Por qué insistía en que lo conociera?

Su descripción del hombre al que llamábamos Smiley me asombraba, y aunque sentía curiosidad y había creado un personaje similar para mis historias – que ahora consumían mis tardes y mis periodos de clase –, no tenía deseo alguno de conocer al verdadero Smiley.

Si nos encontrábamos, ¿se desvanecería el misterio que había creado en torno a él? ¿Desaparecería la singularidad de los personajes que había creado para mi propia diversión? ¿Sería como cuando Darth Vader se quitó la máscara? La ilusión se destruyó. Nunca sentí lo mismo por él después de aprender que era un débil anciano. El misterio era divertido e intrigante. Quería mantenerlo así.

Sherry había incrementado mi curiosidad por el hombre que para siempre se llamaría Smiley en este mundo y en las fantasías que ahora poblaban mis sueños y mis escritos. De hecho, era el personaje principal en varios de ellos. En algunos era un tirano cruel e inmisericorde; en otros, era el pensador rápido, pero siempre era el tipo cómico. Siempre era solo un personaje secundario. No era material para ser un héroe, ni tenía el tipo romántico. Era solo la figura cómica, al que podías dar unos golpes para causar risas.

Lentamente nos aproximamos al pasillo. Tal como había predicho, la conversación se desvió en dirección a Smiley.

"Ven, acompáñame a mi clase", dijo Sherry. Yo supe lo que intentaba. Era la frase que siempre usaba, y yo sabía exactamente qué significaba.

"No, mejor no. La otra vez llegué tarde", respondí de inmediato, esperando que dejara de insistir. Al parecer, llegaba tarde cada vez que estaba con ella. Por supuesto, no se daría por vencida tan fácilmente.

"Vamos, no seas infantil", se burló. Era algo que hacía muy bien. Por lo general me hacía sentir como una perdedora si me negaba. Yo quería ser *cool*, porque sabía que no lo era. Y, bueno, ella parecía bastante segura de sí misma. Su ropa y actitud lo eran, escuchaba la música del momento. Tenía MTV y podía estar al día con los artistas más de novedosos. Tenía televisión por cable, algo que yo apenas podía imaginar. En mi familia éramos seis hermanos, y vivíamos en una caótica casa dúplex con tres habitaciones en la parte fea de la ciudad. Yo compartía una habitación con mi hermana. Nunca había ido al cine. Había contado siempre con mi imaginación, y eso no me había molestado mucho. Hasta ahora.

"Además, le dije al señor CZ que eras cool", agregó Sherry intentando hacerme rabiar.

¿Cómo había leído mi mente? Ella a veces lo hacía con tanta facilidad. ¿Era tal vez mi expresión? ¿O quizás yo era demasiado fácil de leer?

"¿Qué? ¿Qué hiciste qué cosa?" La volteé a ver absolutamente sorprendida.

"Sí, le hablé un poco de ti", admitió con una sonrisa. Yo había creído que bromeaba cuando, cientos de veces antes, me había amenazado con hacerlo. Ni una vez mencionó haberlo hecho, hasta ahora. La miré fijamente. Tal vez solo intentaba revivir el tema de Smiley, puesto que parecía haberse agotado. Hay que admitirlo, ya era tema viejo y definitivamente Sherry necesitaba renovar su material. Pero ¿por qué usarme *a mí*? Eso estaba mal en todos los sentidos.

Suspiré por millonésima vez. No importaba cuántas veces me hacía lo mismo, nunca me acostumbraría. A veces la observaba cuando entraba en su oficina, sin que ella lo supiera. Incluso entonces, me entraban dudas sobre sus pláticas con el tipo.

Pero era la forma en que lo decía, tan tranquila y como si nada, como si el hecho de que hablaran sobre mí fuera algo natural, como si yo debiera estar acostumbrada a ello a estas alturas.

"¿Por qué, para qué?", exigí. Todo lo que me había dicho sobre este hombre me daba vueltas en la cabeza. Era lo peor de lo peor – igual a Jack B. Nicholson, el agente de la CIA en mis historias. Jack andaba tras de todos, sin discriminar. Era un maldito que vendería a su propia madre a un equipo de expertos en biotecnología. Lo había creado hacía tiempo, cuando aún estudiaba en la secundaria Deady, cuando Tanis, mi mejor amiga entonces, me ayudaba a luchar contra el FBI y contra agentes de la CIA como él.

Por cuestiones de seguridad, había leído buena cantidad de las revistas más actuales sobre alienígenas, las que pudieran ayudarme a identificar los personajes problemáticos como Jack u otros Thomases. Las revistas se llamaban "Cómo descubrir su tu profesor es un alienígena".

Por extraño que parezca, el mismo profesor había hecho circular esas revistas como material de lectura. Ese era su juego, pero los profesores no podían engañarnos ni a mí ni a Tanis.

"Debes tener cuidado, lee sobre cómo no ser descubierta en los consejos de la revista", sugirió entre risas alguna vez Tanis, mientras nos dirigíamos a nuestra siguiente clase.

"Son unos idiotas, te dan ideas útiles para que puedas hacerlos tontos", decía ella. Pensaba que yo era rara. Era nuestro secreto, nuestro propio plan. Era agradable saber algo que nadie más sabía, y poder compartirlo con alguien que no te ridiculizaría por admitirlo.

"Ya te dije, platicamos de cosas", continuó Sherry, interrumpiendo mis pensamientos. "Quiero que lo conozcas. Cada vez que te pido que vengas conmigo, te niegas. Así que tuve que hablarle de ti, porque él no podía creer que hubieras dicho cosas malas de él".

"¿Qué? ¿Por qué?" No podía creer lo que oía: ¿Yo dije cosas malas de él?

"Ya te lo dije, me pregunta sobre ti".

Fruncí el ceño, y eso la hizo reír. ¿Por qué le hacía gracia?

"No entiende por qué no quieres venir a verlo. Justo el otro día me preguntó si eras una mala persona".

"¿Una qué?" No lo podía creer. ¿Qué quería decir con eso? En realidad no quería preguntar. Temía preguntar, pero lo hice de cualquier manera. "¿Y qué dijiste?"

"Le dije que sí". Sherry reía.

Me quedó mirando mientras volteé a verla con incredulidad. "¿Qué? ¿Por qué dijiste eso?", exclamé, nerviosa.

"Relájate. Por supuesto que no se cree todo lo que le digo. Y de todas formas es un gran tarado". Pero no respondió mi pregunta. ¿Por qué diría algo como eso, a todas luces una mentira?

"Pero ¿por qué andas diciendo esas cosas de mí? ¿Por qué hablas de mí, para empezar? Quiero decir, ¿por qué yo, para qué?" En verdad quería saberlo. Para mí, hablar de mí misma nunca había sido interesante. ¿Por qué le habría interesado a Smiley?

"¿Te quieres calmar? No es a gran cosa. Ven, vamos", reviró sin dejar de reír.

"¿Qué más le dijiste?", pregunté yo. Quería estar preparada para lo peor. Lo que ella supiera, él sabría. Quería que me lo dijera todo.

"No mucho, solo que no le tienes miedo", se tardó en admitir, haciendo una mueca. Bueno, claro; tal vez yo no le temía, pero ¿qué razón había para que él lo supiera?

"¿Qué?", respondí de golpe.

Soltó una carcajada. Su rostro se tornó rojo brillante, igual a su labial. Me dio un manotazo en el hombro con esa sonrisa total en su rostro, los dientes embarrados de labial.

"Smiley te conoce", dijo, dándome palmaditas como si nada malo hubiera en lo que me acababa de decir.

"Pues deja de hablar de mí. No soy una persona problemática, ¿entiendes? No conozco al tipo, y me gustaría que así se quedaran las cosas", dije, molesta.

"Sé que no lo eres, pero él no lo sabe. Ahora, dice que tiene que vigilarte", admitió ella.

"¿Qué?" ¿Por qué?" ¿Estaba hablando en serio? Ella me había expuesto, y ahora yo estaba dentro del radar del subdirector.

"¡Ya cálmate! Lo único que dijo Smiley es que como eres una niña problema y no le tienes miedo, te va a estar observando".

El corazón me latía sin parar. ¿Por qué me hacía esto? ¿Qué le había hecho yo para que me respondiera con estas cochinadas?

"¿Qué? ¡No he hecho nada! Y no soy una niña problema. ¿Por qué me quiere estar observando? Apenas y lo conozco. De hecho, no: no lo conozco, y nunca en mi vida he estado en problemas", apresuré.

"Bueno, pues solo es lo que dijo Smiley. Y quería que yo te

lo dijera", respondió ella. Aún reía, no había parado de reír. Yo solo quería entender por qué todo esto le parecía tan gracioso.

Ella observaba mi expresión y era testigo de la agonía en mi mirada. Mi reacción le causaba demasiado placer. Para ella, esto era tan divertido como lo había sido la reacción del señor CZ a su presencia dentro de la oficina.

Temblé un poco, aunque intenté que ella no lo notara. Sin embargo, creo que supo. La sonrisa en su rostro se amplió.

Todo lo que yo quería para la preparatoria era pasar desapercibida, ser invisible, y no meterme en problemas. Quería ser solo una más en la multitud. Aunque a veces, me pregunto si realmente era eso lo que quería: tal vez yo era mi propia peor enemiga.

Quizá mi reacción había sido exactamente lo que Sherry quería ver en mí. Como fuera, no le creí. Había aprendido rápidamente que Sherry era capaz de eso y más. Por eso me resultaba un poco difícil descartar lo que había dicho.

Miré en dirección de la oficina de subdirectores. Me pareció que se burlaba de mí, desde su sitio, con mi recién adquirido conocimiento de que ellos también sabían que yo existía.

Traté de fingir que no era así. No quería demostrar miedo, pero no podía dejar de preguntarme qué habría dicho Sherry sobre mí. Era demasiado real; pero por otro lado, tal vez yo quería que lo fuera.

"Ya deja de chillar, es solo Smiley", rio Sherry; sus dientes amarillos burlándose de mí, con sus manchas de labial rojo y partículas de alimento.

"Es inofensivo. Aunque —", agregó, y comenzó a caminar, adelantándose. Me apresuré a alcanzarla tratando de escuchar lo que iba a decir.

"¿Aunque qué?" Me arrepentí tan pronto lo pregunté.

"Sí estuvo siguiendo a un chico de Austin", continuó ella. "De hecho, así es como llegó aquí, para empezar".

"¿Qué?" solté. Sentí el corazón en la garganta, me lo tragué de vuelta tratando de recuperar la poca compostura que me quedaba. No quería permitirle esto. Lo disfrutaba un poco demasiado.

"Sí, Smiley me dijo que una vez siguió a un chico de Austin, solo para convertirse en su peor pesadilla. Resulta que el chico no le tenía miedo. Y era un niño problema, igual que tú". Me dirigió una sonrisa amarillenta y embarrada. "Así que el señor CZ – quiero decir, Smiley – lo siguió hasta acá".

Debí haber preguntado qué sucedió con el chico, pero estaba demasiado embebida en lo que estaba diciendo. Por un instante, me reí suavemente. No supe si me reía porque pensé que estaba bromeando conmigo, o si me reía para no darme por enterada de lo mucho que nos estábamos acercando a los Thomases.

"Es broma, ¿cierto?", pregunté mientras caminaba a su lado.

Sherry hizo un intento patético por sonar seria, pero solo logró reír más. "Sí, pero es cierto que Smiley te está observando, y en verdad siguió a un chico desde Austin. Me lo dijo. Hasta la hija de Smiley me lo dijo; ella conoce todos los trucos de su padre. Tal vez te llame por teléfono. Sería interesante ¿no crees?" Sonreía, se reía, y me hizo señas mientras yo era tragada por el siguiente grupo que salía hacia el comedor. Y tan pronto como había aparecido, se había ido. Me pregunté si había entrado en la oficina de subdirectores.

Me quedé sola, pensando en todo lo que me había dicho.

"Oye, espera… ¿Smiley tiene una hija?", me temblaban los labios. Había tanto que no sabía sobre este tipo. Justo en el momento en que pensé que lo sabía todo, surgía alguna novedad.

"¿Smiley tiene una hija?", repetí en voz alta. En un pasillo vacío.

SIETE

La hija de Smiley

Creo que debo haber caminado todo el tiempo después del almuerzo, pensando y cavilando sobre el hecho de que Smiley, el subdirector del traje azul, con estatura casi como la de un estudiante, tenía una hija. ¿Estudiaría ella en Middleton? ¿Cómo podría ella darme la información sobre el misterio del estudiante de Austin que había caído en las crueles manos del subdirector Smiley CZ?

"¿Smiley tiene una hija?" exclamé, alcanzando a Sherry en el pasillo unos momentos más tarde. Esta vez, era yo quien la buscaba a ella. ¡Qué rápido cambian las cosas! Extrañamente, me sentía atraída por la historia que sabía me esperaba.

Sherry parecía estar lista para darme mi dosis requerida. Sonrió, una vez que comencé a caminar a su lado. Sabía bien a quién me refería, aunque se divirtió preguntando solo por hacerlo.

Este nuevo descubrimiento – que CZ también tenía una hija – había enredado las realidades del tiempo. Ahora había nuevos detalles que darían forma y vida al personaje, y lo harían real. Sherry estaba reteniendo información. Era como negarle drogas a un adicto. Es algo que no se hace.

Lo único que yo sabía sobre los hijos de Smiley, era que existía Alemán, su hijo. Rubén, o Alemán – como sea que prefiriera él – iba en segundo, y estaba en el equipo de porristas. Al igual que con su padre, solo había oído de él a través de Sherry. No conocía a Alemán en persona, pero lo había visto pasar por los pasillos. Pero aunque nunca habíamos hablado, él me conocía y el desagrado que yo le inspiraba era más que obvio, a juzgar por las miradas odiosas que me dirigía. Eso solo podía significar una cosa: Sherry le había hablado de mí. ¿O habría sido Smiley? Si Smiley sabía cosas de mí, ¿por qué no habría de compartirlas con su hijo?

Cuando le pregunté a Sherry qué pasaba con eso, me respondió "Oh, Smiley le pidió a su hijo que te vigilara también. Le dijo que eras una niña problema y que querías hacerle algo. Y bueno, Alemán quiere mucho a su papá, así que ahora tienes un enemigo. Solo hace lo que su padre le pidió".

"¿Qué?" ¿Por qué le dijiste a Smiley que soy una niña problema, para empezar? No les he hecho nada a ninguno de los dos. Ahora Alemán me lanza miradas de odio cuando paso cerca. ¡Ni siquiera lo conozco!"

Y con esto, rompió a reír, como si las miradas de odio de Alemán confirmaran los ardides malévolos de Smiley. "Ya cálmate. Voy a hablar con Smiley". Se reía sin control. Le encantaba verme sufrir y en agonía. Era lo suyo.

"¿Para qué?", pregunté.

"Para decirle que se detenga. Por supuesto, va a pensar que eres una niña chillona y cobarde. Y después le dará risa, pero voy a hablar con él".

"¡No! Solo ya no hables más de mí en absoluto, ¿entiendes?", exigí.

"¡Está bien, pero ya deja de chillar! Smiley tiene razón, te quejas demasiado. Bájale tres rayitas, *calmándonos*. Es lo que siempre dice Smiley". Lo dijo imitando la voz de Smiley, y de nuevo rompió a reír.

Yo no podía creer que dijera esas cosas. Traté de ignorarla. A veces me costaba creer las historias que decía, pero entonces pasaban cosas como las miradas que me lanzaba Alemán, y… bueno, me entraban dudas.

"¿Así que Smiley tiene una hija?" Traté de regresar al tema. Tal vez ella sería mi única salvación.

"Sí, Gabriela. Está inscrita en Middleton. Smiley dice que es la única manera que la puede mantener vigilada. Es una zorra". ¿Por qué no me sorprendía? Por supuesto que Sherry iba a decir algo así.

"¿Qué?", pregunté, arrugando un poco la nariz.

"Bueno, así la llama Smiley. De verdad la odia. La culpa por su divorcio y por todo lo demás".

"¿Has hablado con ella?", pregunté.

"Sí, me dice que su padre te tiene en la mira. Va a por ti. Con esas palabras exactamente me lo dijo. Dice que nunca lo ha visto así. Que para él es un juego eso de asustar a los estudiantes, pero esto es diferente, y eso a ella la asusta. Por cierto, quiere hablar contigo. Me pidió que te dijera que hoy te va a llamar".

Me quedé boquiabierta, y temblé un poco. "Pero… ¿por qué?" Al parecer Jack me tenía en la mira, pero yo no sabía por qué.

"Quiere ayudarte. Ella conoce a su padre mejor que nadie".

"¿Por qué no simplemente me hace un favor y le dice a su hermano que yo no soy la mala aquí?", pregunté.

"Dice que trató pero que no la quiso escuchar. Smiley le lavó el cerebro a Alemán. Quiere demasiado a su papá como para hacerle caso a Gaby. Además, él también la odia. Le dice zorra, igual que su padre". Sherry rio. De hecho, no había dejado de reír, como si llamar zorra a una chica fuera divertidísimo.

"Te va a escribir, puede ser que esta tarde, para recordarte que esperes su llamada. Así que no lo olvides". Sherry me señaló con el dedo.

"Está bien. Estaré esperando", murmuré. Me fui, y ella entró a su clase.

No creí que la llamada llegara, pero así fue. ¿Qué me podría decir Gaby de este personaje, Smiley, su padre? Me parecía todo esto ya había llegado muy lejos, pero yo ya estaba bien metida y no había nada que pudiera hacer más que esperar la llamada. Quería saber la verdad, y hablar con alguien de su propia sangre era la mejor manera de hacerlo. Solo que no sabía si podía confiar en ella. Supongo que pronto lo averiguaría.

Estando en el aula base, me puse a pensar y preguntarme si Sherry me daría la nota de Gaby, o si Gaby me buscaría en persona. La había visto pasar una vez – Sherry me la había señalado. "Está decidida a decirte por qué su papá te odia tanto. Es muy rebelde, y es gay o algo así. O puede que sea bisexual. No lo sé. Es lo que dijo Smiley".

Gaby usaba traje y corbata, claramente era una *new waver*. No iba sola; algunas estudiantes de último año iban con ella por el pasillo. Así es: Gaby era la señorita Popular. Y era muy hermosa. Su cabello oscuro rizado se balanceaba enmarcando un rostro con pómulos grandes y bellos. Iba muy arreglada, con labial rojo y delineador y rímel negros. Me recordaba a Madonna, y su figura también se parecía. Era sorprendentemente increíble que esa chicha tan bella fuera familiar de un hombre como Smiley.

Apenas miró un instante en dirección a nosotras. Hizo contacto visual, pero para mí eso no era suficiente. Yo quería una prueba sólida de que era quien Sherry me aseguraba. Así era yo. Para mí Dios no era suficiente prueba de que dios era Dios. No podían solo venir y decirme que Él me ama. Yo quería que él me lo dijera, y no con alguna tontería espiritual o emocional, sino cara a cara. Perdería mi vida con tal evocación, pero por fin lo podría escuchar de la fuente misma.

La forma de explicar las cosas de Sherry no me satisfacía, pero por alguna extraña razón, las aceptaba. Aunque no podía culparla: tenía buenos puntos, como que Gaby no podía hacer contacto visual sencillamente porque no quería que Smiley supiera que habíamos hablado con ella. Si lo supiera, la reprendería.

"Ella lo odia, y él la odia a ella", las palabras de Sherry se repetían en mi mente. "El señor CZ a veces la insulta. Gaby dice que la ignora cuando están en la escuela, y la ignora cuando están en casa. De hecho, prácticamente no le habla, la odia".

Todas esas cosas me daban vueltas en la cabeza. Me imaginaba a Gaby, y su vida al lado de Smiley. ¿Cuán horrible debía ser vivir con un hombre así?

"Pero ¿por qué su apellido es diferente al de él? Pensé que eran parientes". Le pregunté a Sherry.

Sherry siempre tenía una respuesta para todo. No estoy segura si simplemente conocía todas las respuestas, o si era buena improvisando. Sospechaba lo segundo.

"Smiley obligó a Gaby a usar el nombre de soltera de su mamá al registrarse en la escuela, para que nadie supiera que son parientes".

Supongo que tenía sentido. Es decir, ¿qué sabía yo del tipo? Sherry pasaba casi todo su tiempo con él, era lógico que supiera más que yo.

"Es muy gracioso", continuó Sherry, "alguien una vez le preguntó al señor CZ si Gaby era su hija. Solo se le quedó viendo e hizo un gesto", Sherry imitó el gesto que había hecho. "Entonces él dijo '¿quién, ella? No, no conozco a esa muchacha'. Y Gaby se fue corriendo, llorando".

Tenía mis dudas, a pesar enorme esfuerzo que hacía Sherry para que le creyera. No estaba convencida de que ese cuentito fuera suficiente para motivar a Gaby a buscarme. Solo podía especular con la información que se me daba. Tal vez quería vengarse de su padre por más incidentes como ese en su vida. Algo extraño estaba pasando. No lo podía ver, pero lo podía sentir.

Pensando aún en todo eso, pedí permiso para ir al baño. Consideré ir a mi locker y ver si Gaby me había dejado alguna nota, pero no quería que el profesor me descubriera – los lockers estaban justamente afuera del aula. En vez de eso, me dirigí al baño y me apresuré por el cruce de pasillos para llegar antes de que sonara el timbre.

Cuando pasaba por el cruce, no me di cuenta, hasta que era demasiado tarde, de que alguien estaba a punto de colisionar conmigo. Casi de inmediato, vi que ese alguien ¡era Smiley! Me dirigió una sonrisa, y puso sus manos sobre mí para evitar que cayera sobre él, o quizá solo para recuperar su equilibrio.

Bajé la cabeza esperando no ponerme roja de la vergüenza. Él simplemente me rodeó, me hizo a un lado para quitarme de su camino.

"Con permiso", dijo, con una sonrisa claramente burlona. Parecía ensayado. ¿Podría haberlo planeado? Por supuesto, en el momento sonaba ridículo, pero ya había yo dudado de mí misma antes, y miren a dónde me había llevado eso.

Smiley siguió sonriendo, incluso mientras se alejaba por el pasillo. La imagen se quedó conmigo después de que se había ido. Desapareció rápidamente, y no supe por dónde. Estaba demasiado alterada como para levantar la vista una vez que se había alejado. Por un instante, creí que se había dirigido al comedor, pero cuando pasé por ahí, estaba vacío. Los pasillos también estaban solos. ¿Habría salido? Las puertas de salida no estaban muy lejos del comedor, pero no vi señal alguna de Smiley, ni puertas columpiándose como indicio de que las hubiera usado.

Dejé de buscar a Smiley y me apresuré al baño, donde por fin estuve sola. Respiré profundo y me miré al espejo, preguntándome qué rayos estaría él planeando. Podía sentir mi corazón latiendo descontrolado dentro de mi pecho. Sabía que aquello no podía haber sido una coincidencia: era verdad. Todo era cierto, Smiley estaba tras de mí. No había otra explicación.

Era una descarga; si Tanis hubiera estado ahí, sentiría la misma adrenalina que yo en ese preciso momento. Ese era nuestro juego. Y definitivamente nos tenían fichadas. Todo se derrumbaba, y yo estaba sola en el campo de batalla. Un error a todas luces. Después de clase me encontré con Sherry. Era fácil hallarla en los pasillos. Era de lo más patético.

"Vi a Smiley esta mañana", susurré mientras nos movíamos por el pasillo como manada de ganado. "Chocó conmigo cuando iba yo al baño".

"Sí, ya sé". Respondió Sherry en tono casual. "Me lo dijo".

"¿Qué? ¿Cuándo?" reviré. ¡Caray! Ese tipo anda por todos lados. ¿Me estaba espiando?

¿Y cómo es que ella tenía el tiempo? ¿Era esto lo que hacía con su tiempo mientras los demás estábamos en el aula base esperando a que sonara el timbre, meterse en la oficina de Smiley para hablar de mí, decir mentiras?

"Recién estuve en su oficina. Me dijo que chocaste con él".

"¿Quién, yo?", solté. Avanzábamos por el pasillo repleto de estudiantes. Traté de no alzar la voz, aunque no podía creer lo que este subdirector había afirmado. ¡Smiley!

Algunos estudiantes nos voltearon a ver, ciertamente no para admirar mi primer intento de ser *new waver*. Olvidaba mencionarlo, me había puesto un traje azul que mis padres compraron en una tienda de segunda mano. Quería adentrarme en mi personaje, motivada por los insultos de Sherry y su vestuario claramente superior. Aunque Sherry me había enseñado los fundamentos de cómo ser *new waver* y vestir 'con actitud', la verdad es que eso no se me daba. Era demasiado pobre para poder comprar ropa decente. Así que hacía lo mejor que podía con lo que tenía, y a veces eso no era suficiente. Me veía de lo más falsa y pretenciosa.

"Sí. Dijo que en adelante te fijes por dónde andas".

"¡Pero fue él, él chocó conmigo", grité, pero no me estaba escuchando. Solo repetía lo que Smiley, su gran maestro, le había instruido a decir.

"Dijo que había considerado dejarte por la paz, pero después de oír lo que has estado diciendo de él, y de que chocaste con él, decidió no hacerlo".

"¿Qué, que yo dije qué cosa? ¡Yo no he estado diciendo nada de él!", levanté la voz. Estaba rígida, me temblaba el labio. Hasta este momento, no había sabido cómo se sentía eso. Mi mano comenzó a temblar un poco.

"Le dije lo que habías dicho, que era muy bajito, y todos los apodos que le pusiste. También le dije que aún no le tienes miedo". Otra vez lo mismo. ¿No habíamos pasado por esto ya?

"¿Y por qué hiciste eso? Te dije que ya no le hablaras de mí".

"Me preguntó. ¿Qué se supone que debía hacer?" La miré. Me regresó la mirada como diciendo que mi demanda era totalmente infantil.

"¿Él te preguntó? ¿Por qué?", la confronté. ¿Qué excusa me podría dar?

"Smiley quiere saberlo todo sobre ti, para saber con qué está lidiando", me informó.

"¿Lidiando? No está lidiando con nada", respondí yo, agitada.

"No te preocupes, solo es Smiley". Se rio al ver lo mucho que me estaba afectando todo. "Tranquilízate".

¿En qué me había metido? Obviamente a Sherry no le importaba. Traté de dejar de pensar en eso, pero es más difícil de lo que parece.

"Dame tu número", exigió Sherry de pronto.

"¿Para qué? No se lo vas a dar a Smiley ¿verdad?", dije,

pero al tiempo que lo decía ya estaba escribiendo mi número en un papel. Me preguntaba si realmente sería capaz de hacer algo tan horrible.

"¡Sí!", soltó una carcajada. Le retiré el papel tan pronto terminé de anotar mi número, cuando estaba a punto de dárselo.

Frunció el ceño. "No, no voy a hacer eso. Se lo voy a dar a Gaby. Me lo pidió, ¿recuerdas? Quiere llamarte hoy", dijo Sherry.

"Pensé que me iba a mandar una nota".

"¿Ya revisaste tu locker?"

No lo había revisado, después del incidente con Smiley. "No", murmuré.

"Es así… dijo que lo hizo, pero que no le has respondido. Así que dame tu número y yo se lo doy a ella".

"¿Y cómo sé que no se lo vas a dar a Smiley?", insistí.

Sonrió repentinamente.

"¡Sherry!", rugí, impaciente.

Echó arriba los ojos y suspiró. "No lo voy a hacer, lo prometo. Se lo daré a Gaby: ella me lo pidió. Como quieras, no me creas. Si no quieres que te llame y te ponga sobre aviso en cuanto a Smiley, está bien. Se lo diré. A mí me da lo mismo", me reprendió.

Dudé un poco, pero lentamente extendí mi mano hacia ella. De inmediato arrancó el papel de entre mis dedos sin parar de reír.

"¡Ja! Se lo daré a Smiley. ¡Mira cómo lo hago!", se carcajeaba, mientras yo sentía mi estómago hundirse. Sentí mariposas por todos lados.

"¡Sherry, lo prometiste, no!"

Intenté quitarle el papel, pero fue más rápida que yo, se hizo hacia atrás apretándolo en su puño.

"¡Relájate!", gritó. "Es broma, no lo haré. Estoy jugando. ¡Caray, tranquilízate!" Se detuvo cuando yo me había calmado, y de inmediato volvió a empezar. "O mejor sí se lo enseño".

"Sherry, no. No lo hagas, por favor", supliqué.

"No voy a hacerlo – en serio, ya deja de ser tan sensible. Smiley detesta a la gente llorona. Ya relájate, es solo Smiley. No se lo voy a mostrar, lo prometo. Solo se lo daré a Gaby, así que espera su llamada esta noche".

Sherry guardó el papel en su bolsillo y se alejó, sin voltear atrás. Me sentí una idiota, había reaccionado tan exageradamente. Era mi amiga; por supuesto que no le daría mi número a Smiley, ¿cierto? Es decir, ¿qué dirían de eso mis padres? No iban a creer que yo no tuve nada que ver.

Y tenía razón.

OCHO

La llamada de Gaby

La llamada de Gaby llegó en el momento justo. Yo estaba en mi habitación, como casi todas las noches, cuando timbró el teléfono. Nadie más iba a tomar la llamada; estaban todos demasiado ocupados viendo el televisor. Ya estaba acostumbrada a eso. A estar dibujando al momento de saber que la llamada era para mí. Si acaso alguien más la tomaba, por lo general escuchaba un grito desde otra habitación, "¡Teléfono!", entonces yo tomaba la llamada y gritaba de vuelta, "¡Lo tengo, cuelga!" Siempre pasaba un minuto antes de que escuchara el *clic* de la otra línea al desconectarse.

Esta vez, levanté el auricular sospechando que sería Sherry quien llamaba. De hecho sonaba muy parecido a su voz, pero la chica en la línea dijo ser Gaby, la hija de Smiley. Eché arriba los ojos con incredulidad.

"Supe que conociste a mi padre", comenzó. Su voz era la de una chica con mal acento británico. "Espero que sepas en qué te estas metiendo. Espero que estés preparada para el infierno", dijo Gabriela CZ. Pero, por supuesto, usaba otro apellido en Middleton High. Imagínense eso.

Para ser una niña bonita, sin duda tenía una voz algo inusual y rasposa. Yo conocía su rostro, la había visto en los anuarios de la escuela, y también Sherry la había señalado con el dedo en los pasillos. En alguna que otra ocasión, Gaby me había sonreído o volteado a ver. Al principio, no estaba segura de qué podría significar. Ahora todo comenzaba a tener sentido.

Como sea, mi plan era confirmar todo lo que Sherry me había revelado sobre Smiley. Eso si acaso tenía oportunidad.

"¿Por qué yo?", pregunté. No cabía duda: me sentía bien hablando con ella. Me pregunté si era porque sonaba tan parecido a Sherry. Pero ¿qué iba yo a saber? Nunca antes había escuchado a Gaby. Era ridículo pensar algo así, ¿cierto?

"Supongo…", la voz femenina al otro extremo de la línea estaba pensando en lo que iba a decir, como si lo que estaba a punto de compartir la pudiera destruir o condenar.

"Papá quiere una nueva víctima", reveló Gaby.

Pensé en lo que dijo. ¿No era eso lo que Sherry había sugerido también?

"Le gustas", recordé que había dicho Sherry con sus grandes y rojos labios. "Es lo que él dice". Y después había sonreído y mostrado sus dientes, dirigiéndome una mueca con sus labios rojos y sus ridículas risillas.

"Eres un payaso, su payaso. Papá dice que eres muy graciosa. Le gusta decir eso. Simplemente eres perfecta, por decirlo así. Así que mientras sigas por ahí, él también estará por ahí, pero no puedes irte nada más. Te seguiría a donde sea que puedas ir", explicó Gaby.

Su voz sonaba rasposa, parecía que se esforzaba para mantener un tono femenino y singular. ¿Estaba Sherry allá, susurrándole qué decir y qué no decir?

Traté de creerle. ¿Cómo más explicar el hecho de que veía a Smiley tanto más seguido que antes? Claro, podría ser simplemente una coincidencia, pero yo no creía en las coincidencias. No quería hacerlo. No: era demasiado real.

Tal vez yo quería creer, por alguna razón. ¿Acaso no era un juego? ¿No lo había sido siempre, como cuando estábamos en Deady, con Tanis? Ciertamente lo parecía, pero este era un juego nuevo. Esta vez había mucho más en juego, se sentía más real por alguna razón. El Thomas era un hombre real esta vez, y una amenaza real.

La excitación crecía y se multiplicaba como epidemia. Mi adrenalina estaba por los cielos. ¿En qué me estaba metiendo? ¿Había llegado demasiado lejos? No quería creer que lo que hacía era nada más que un juego de niños. ¿Qué podía suceder? Quizá ya había cruzado la raya, pero ya no había vuelta atrás, incluso si lo hubiera querido. No podía, de cualquier forma. El juego había empezado.

"Si no me crees", dijo Gaby de pronto, "¿Cómo crees que llegó a Middleton?" Creo que se había dado cuenta de que estaba dudando cuando me reí un poco mientras me hablaba. No pude evitarlo, su voz me dio risa.

Casi presentí lo que Gaby respondería. Sabía que no era necesario preguntar, pero igualmente lo hice. "¿Cómo?" Sentí la emoción aumentar en mi estómago.

Escuché un ruido de sorpresa en el otro lado de la línea. ¿Estaba ella tan exaltada como yo? No lo dudé. Esto no se parecía en nada a lo que los héroes de mis historias se hubieran enfrentado. Esto era Smiley. Creo que incluso ellos se las habrían visto negras con este enemigo. Incluso Indiana Jones; era uno de mis personajes de película favoritos. Lo podía ver, mirándome, sacudiendo la cabeza y encogiendo los hombros.

La ilusión se desvaneció cuando la voz de Gaby continuó. "Vino acá siguiendo a un chico de Austin, solo por el gusto de ser su peor pesadilla. Ahora te eligió a ti, y está lavándole el cerebro a tu subdirector el Sr. J". El tono de su voz cambió un poco, sonando más como otra persona a quien yo conocía.

El sonido de su voz me tenía al punto de la risa, y quizá Gaby pudo notar mi patético intento de no hacerlo. Me reprendió. "No me creas si no quieres. Solo trato de advertirte lo que papá es capaz de hacer".

No eran sus palabras lo que me tenían al borde de la risa. Era la desagradable sensación de que quizás estaba metida en algo más grande de lo que podía darme cuenta. Traté de callar, obligarme a mí misma a tragarme la risa y guardar la compostura, pero esa sonrisa que no lograba quitarme de encima, solo crecía. Quería desesperadamente soltar la risa que estaba reprimiendo.

"Yo no reiría en tu lugar. Conozco a papá, y cuando quiere algo, lo consigue. Yo no me metería con él".

"Pero yo no he hecho nada. Además, ¿qué puede querer de mí?", pregunté, tratando de contener la risa. Mordí mi labio, fuerte.

"No tengo idea de qué hayas hecho, pero llamaste su atención. Ahora no te va a dejar en paz. Te está vigilando de cerca. Es solo que él es así", dijo ella.

De nuevo, eran las palabras de Sherry, burlándose de mí. *Smiley te tiene en la mira. Y te va a atrapar.*

Estaba paralizada, me sentía casi como drogada. ¿Por qué me tenía en la mira este tipo? ¿Por qué a mí? Yo nunca había sido el foco de atención. Me gustaba un poco, no mentiré. Tal vez porque dudaba que en verdad fuera así. Nunca había tenido tanta atención de nadie, ni siquiera de mis padres.

"Entonces, ¿dices que le lava el cerebro al Sr. J?", pregunté con curiosidad, con cierta excitación secreta. ¿Realmente estaba pasándome esto? La sensación en mi estómago era de un nudo retorcido; me poseían la incredulidad y el deleite. No pude evitar sonreír; yo era importante, y por fin era el centro de atención para alguien. Podía ser bueno o malo, yo no le temía a nada; o al menos, eso me repetía a mí misma.

"Tiene al Sr. J y al Sr. VZ, y también a todo el mundo, convencidos de que eres una mala persona", susurró la voz de Gaby en el teléfono. Pude detectar que ella también disfrutaba el hecho de que algo emocionante estaba sucediendo. Sonaba feliz con sus propias palabras.

"Así que yo en tu lugar, me cuidaría. Papá te está vigilando".

"Pero ¿qué quiere de mí?" Todavía no me había dado una respuesta. ¿Qué era yo para ese hombre? Tenía que ser algo más que un mal juego del gato y el ratón. Seguramente no podía ser solo un pasatiempo para las horas de escuela, como lo que *yo* había estado haciendo. ¿Estaba tan aburrido? ¿No tenía algo más interesante que hacer como subdirector, realmente necesitaba a una estudiante de primero para entretenerse?

"No creo poder contestar eso, porque no hay una respuesta a por qué papá hace lo que hace. Se aburre, y juega malas pasadas a las personas. Es su manera de ser. A mí me trata así. Si no me crees, puedo pedir a mi novio, Saul, que te lo diga. Él ya ha lidiado con papá".

Un momento. ¿Quién era Saul?

Había visto a Saul en los pasillos de Middleton. Lo conocía de la misma forma que conocía a todos los demás con quien me topaba – a través de Sherry. Cuando no hablábamos de Smiley, ella hablaba de otros grupos. Nunca entraba en detalles sino hasta que la historia se enfocaba en determinada persona. Entonces Sherry explicaba qué papel jugaba y cómo estaba involucrado o involucrada.

Saul era un estudiante de segundo, alto y delgado, con oscuro cabello largo y rizado, y rostro alargado. Era guapo y bastante extravagante, pero callado. Se balanceaba al caminar, y usaba camisas sueltas con estampados florales como casi todos los chicos, jeans Gerimanbos y zapatos formales. Llevaba un saco a modo de bolsa. Esos *new wavers* me encantaban, ciertamente sabían cómo usar eso y salir librados. ¿Quién si no ellos podría hacer que eso se viera bien? Yo no tenía estilo, así que me sería algo difícil. No era atrevida, como ellos.

Nuestra conversación acabó con una advertencia.

"Cuidado con papá", fueron las palabras de Gaby. "Y cuidado también con mi hermano Alemán, es un desgraciado problemático. Te mantendré informada y te llamaré de nuevo muy pronto. Prepárate para mi llamada, y cuídate".

"Pero ¿por qué me ayudas? ¿Por qué?", me apresuré a preguntar.

"Porque sé cómo es papá, y aunque no puedo detenerlo, por lo menos puedo advertirte si sé que está planeando una locura", dijo ella.

"¿No te meterás en problemas si lo descubre? Es decir… ¿no te está observando?", inquirí con curiosidad, preguntándome si estaría cerca de ella, y dónde.

"Por supuesto", susurró ella, su voz se hacía difícil de entender, su susurro aún más quedo. Debe estar muy cerca, pensé.

"Se quedó dormido en el sofá de la sala; por eso te estoy llamando ahora". Escuché algo de movimiento. Traté de poner atención a lo que oía. Parecía que Gaby había desaparecido de la línea. Podría jurar que había tapado el auricular con la palma de su mano. Se escuchaban algunas voces a la distancia, pero no podía distinguirlas. Gaby regresó a la llamada de inmediato.

"Alemán entró a mi habitación y me vio al teléfono. Tengo que irme; papá está despierto. Te llamaré pronto". Se oyó una escaramuza, y pude oírla gritar a alguien que saliera, antes de que la llamada terminara. Esperé, escuchando, un poco más, pero solo oí silencio, seguido del sonido del tono de llamada. Fue la conversación telefónica más extraña que jamás había sostenido.

Estoy de pie en un pasillo tenuemente iluminado. Los arcos se alzan bastante alto sobre mi cabeza, de modo que apenas y puedo apreciar sus detalles. No son nada del otro mundo, son sencillos sin grabados te ningún tipo. Son como yo – sencillos y extraños. No podía haber estado más equivocada.

Al día siguiente, al llegar y ver los arcos que había visualizado en uno de los pasillos que llegaba a la oficina de subdirectores, me pregunté qué habían significado las palabras de

Gaby. Seguía tratando de entender por qué me pareció escuchar la voz de Sherry en el fondo, susurrando. ¿Qué es lo que no estaba viendo? Tenía que haber algo más, algo que tenía frente a mis narices, pero que no veía por estar demasiado embebida en el juego.

Era real, todo era real. Y fue en ese momento que caí en cuenta de que se estaba volviendo una verdadera pesadilla. Ningún juego había sido tan real como lo era ahora este. Y era lo bastante real para mí, ahora. Debí temer, pero no había en mí preocupación alguna, solo estremecimiento.

En cuanto a Gaby, me preocupaba que la hubieran descubierto llamándome. De ser así, ¿qué pasaría ahora? Me emocionaba penar en eso. Gracias a mi conversación con Gaby, me hallaba en terreno muy peligroso con respecto aSmiley. Esto confirmaría todo lo que había escuchado de otras fuentes, sobre todo de Sherry.

Tal vez Sherry estaba leyendo mis pensamientos en ese preciso instante. Cuando se me acercó lo primero que dijo fue: "¿Sabes? Smiley descubrió a Gaby hablando contigo por teléfono ayer".

"Sí, Gaby dijo que Alemán la encontró al teléfono cuando estábamos hablando", respondí, sin sorprenderme cuando apareció.

Sherry rompió a reír. "Alemán despertó a Smiley y le dijo que Gaby estaba al teléfono. Ahora ya sabe que hablaste con su hija. ¡Es gracioso!"

¿Qué tenía de gracioso?, pensé.

"¿Está bien, ella?", quise saber.

"No, lo usó para pegarle".

¿Usó qué?, me pregunté.

"Cuando Smiley la encontró al teléfono, sacó el teléfono de su habitación y la golpeó con él", dijo Sherry sin parar de reír.

La miré desconcertada. No entendía qué era tan gracioso.

"¡Es horrible!" , exclamé.

"Un poco", dijo Sherry como si no fuera nada. Ni siquiera le preocupaba Gaby.

"La vi hoy, y no se veía golpeada ni nada", comenté. Cosa que me había hecho dudar si todo esto era real. Extrañamente, tuve el impulso acercarme a ella y decir algo, pero algo me retuvo de hacerlo. Tal vez era el hecho de que nunca me había dirigido una mirada como si me conociera. Eso me llenaba de dudas y me torturaba al mismo tiempo.

"Sí, ya sé. Es porque Smiley se aseguró de no golpearla en la cara. Así que los moretones no se ven. Él cree que es gracioso". Siguió riendo. Para ella, era normal decir algo así.

"A Alemán solo le dio risa y después le dijo que se lo merecía".

Me quedé boquiabierta. No supe qué decir. Lo que más me sorprendía es que todo esto le parecía hilarante.

Sin poder hablar, podía imaginar la escena. Smiley irrumpiendo en la habitación y arrancando el teléfono de las manos de Gaby, arrancándolo también de la pared. Después enrollando el cable alrededor del teléfono y aporreando con él el torso de Gaby. Todo eso sin dejar de reír con Alemán, de pie junto a la puerta, también riendo tal vez gritando: "¡Más fuerte, papá, dale más fuerte a esa zorra!"

Sherry se rio al terminar su relato.

"Así que, ¿me crees?" preguntó mientras caminábamos juntas.

Aún tenía dudas, y no podía decir nada después de haber escuchado lo que había escuchado. Solo quería creer que algo estaba sucediendo.

NUEVE

La música de los perdedores

No había nada peor que Smiley, un subdirector, dispuesto a hacer de tu vida un infierno. Pero con la ocasional nota reprobatoria, tenía que cuidarme si no quería repetir el primer año. La preparatoria puede ser difícil a veces, y tener que ver el rostro de Smiley algunos años más era algo que decididamente no quería.

Y por más que deseara que así fuera, Smiley no era lo único que tenía en la mente. Aunque, a veces, era lo único que verdaderamente me preocupaba. ¿Podía yo culparlo por mis malas notas? Probablemente no del todo. Deseaba que todo hubiera acabado ahí.

Cuando me encontré con Sherry en el pasillo, ya sabía que era demasiado tarde para abandonar y olvidarme de ella. Sherry no te dejaría alejarte aunque quisieras, y yo era su tonta.

"¿Lo viste?", preguntó de pronto mientras nos acercábamos a su locker.

"¿A quién, a Smiley?", pregunté de vuelta yo, echando un vistazo buscándolo.

Ella me tocó la espalda y se rio cuando di un pequeño salto, asustada. "No", me reprendió. Parecía un poco frustrada al notar mi incomodidad. "¡Debiste haber visto tu cara! Pero no". Se reía y se dejó caer sobre mí.

"Yo pensé que te referías a Smiley, pensé que nos seguía". ¿Haría él una cosa así?

"¿Quieres olvidarte de él por un minuto?" Dijo con seriedad, como si Smiley fuera lo único en lo que yo pensaba. *Ella* había logrado asustarme hasta el punto en que no había otra cosa, así que ¿podía evitarlo, acaso?

"Además, recién estuve en su oficina y va a tener una junta con nuestro director. Así que nos libramos de él por un rato".

"Oh", murmuré, asintiendo. Qué afortunadas somos, pensé. Y continué en un murmullo, "¿Cómo sabes eso?" Por supuesto, o me ignoró, o no me escuchó. Para mí era lo mismo.

"Entonces, ¿quién?", pregunté al notar que la había interrumpido antes de que pudiera decirlo.

"¿Te acuerdas?", preguntó. Lo había olvidado.

"¡Neil!", exclamó feliz, sosteniendo frente a mí una foto de un hombre con un perro.

No dije mucho. No tenía idea de a dónde iba con esto. Solo tenía que esperar, y lo sabría. "¿No es lindo?"

¿No habíamos pasado ya por esto? Trataba de olvidarlo, pero Neil me resultaba conocido – el perro, no. pero era más 'lindo' que Neil.

"¿Escuchaste el casete que te traje?", preguntó cuando comenzamos a andar de nuevo, dejando atrás su locker. En el primer pasillo, dimos vuelta a la derecha.

"Ah, sí, el casete. Ya recuerdo". Traté de evitar contacto visual con ella. No lo había escuchado, lo había olvidado por completo. O tal vez no me gustaba la idea cualquier cosa que me distrajera de mis dibujos.

"Sí", dije. Por supuesto, el tono de mi voz dijo lo contrario. Creo que supo que no había escuchado el casete de mezclas que había grabado para mí.

"¿No lo escuchaste?" Sonaba decepcionada.

"No tengo en qué", murmuré, avergonzada y esperando un poco de compasión.

"¿Qué? ¡No inventes! Todo el mundo tiene un reproductor, hasta Smiley. Solo escucha el casete. Mañana te voy a traer otro. Así que primero escucha el que ya te di. Te voy a hacer otra mezcla de la banda Erasure. No son tan buenos como los Pet Shop Boys, pero te va a encantar su música. ¡Son geniales!"

Asentí. ¿Cómo le dices a alguien como ella, obviamente en mejor situación que yo, que no tienes ni puedes comprar un radio con reproductor de casetes? Ni siquiera tenía un reloj despertador. Mi despertador era mi mamá, me despertaba cada día diciendo que llegaría tarde a la escuela. Sentí vergüenza, y no supe qué decir. Así que comencé a inventar excusas con la esperanza de que no preguntara o lo volviera a mencionar. Sin embargo, había aprendido ya que Sherry no iba a dejar que me saliera con la mía así de fácil.

Exigió que escuchara el casete, sin excusas ni pretextos.

"Tienes que escuchar el casete que te grabé. Está genial, y Neil es maravilloso. ¡Te va a encantar! Son la mejor banda del mundo".

Obviamente no creía que yo pudiera no tener radio. Así que yo necesitaba conseguir uno o encontrar la forma de escuchar sus casetes, de otra manera ¿cómo continuaría mi transformación siguiendo sus indicaciones?. Si no los escuchaba, ella lo sabría. Tenía que conseguir un radio.

Justo cuando creí que ya no vendrían más vergüenzas, dijo. "¿Ya sé que tienes una videocasetera?". No era tanto la pregunta sino la forma en que la hacía sonar. Seguramente me avergonzaría más.

Antes de que pudiera responderle, continuó: "Te voy a traer un video que grabé de MTV". Supongo que creyó que era una pregunta tonta – por supuesto que yo tendría una videocasetera. No tenía.

"¡Neil es tan lindo, lo tienes que ver!"

La verdad era que no, no tenía videocasetera. Esas cosas eran caras y mis a mis padres no les gustaba gastar sin necesidad. Éramos seis, y el dinero siempre faltaba en casa. A veces dependíamos de los donativos de la iglesia y del trabajo de mi madre para tener ropa o regalos navideños. Dudé que Sherry comprendiera algo así.

Al igual que el casete de mezcla que había estado cargando durante una semana, supuse que probablemente haría lo mismo con el videocasete que pronto me daría. Tenía que hallar la forma de escucharla y de ver los videos. ¡MTV, *wow*! Pensé. Supongo que el viejo dicho, 'la ignorancia es felicidad', daba en el clavo. Me sentía miserable. Sherry me estaba mostrando un mundo nuevo de cosas, cosas que nunca supe que deseaba.

Estaba atrasada en todo lo que fuera *cool* y todo lo que fuera normal. Lo mismo podría haber sido una alienígena. Estas cosas eran importantes para los humanos, para la gente; y ahí estaba yo, no teniéndolas. Eso, sencillamente, no era normal. No era del todo culpa mía. No me sentía como una chica o adolescente normal, porque no tenía lo que hacía a otros adolescentes ser adolescentes.

A veces me preguntaba cómo había logrado existir tanto tiempo sin saber nada, pero después me daba cuenta de que lo hacía volviéndome invisible. Nadie nunca me veía. Mis padres no lo hacían. Solo ahora yo me daba cuenta de lo bien que había logrado que eso funcionara, y ahora, alguien me había descubierto. Yo estaba descubriendo lo ridícula que era mi vida y lo desafortunada que yo era socialmente. No me agradaba. No me agradaba descubrir eso sobre mí misma. Era en verdad triste. Pero al mismo tiempo, mientras no lo supe, había sido en verdad feliz. Como dije: la ignorancia es la felicidad.

Sherry tenía esa extraña obsesión con Neil Tennant de los Pet Shop Boys. Todo el mundo tenía algo. Lo que yo debía hacer era encontrar ese 'algo' para mí.

A Sherry le encantaba hablar de bandas y cantantes como Andy Bell y Neil Tennant. Andy Bell era el cantante de una banda llamada Erasure. Neil Tennant era el cantante de los Pet Shop Boys. No podía dejar de hablar de ellos. Y cuando no hablábamos de su otra persona favorita, Smiley, entonces hablábamos de música y bandas.

Pronto aprendí todo lo que había por aprender sobre ellos. Escuché sus últimas canciones en los radios de otras personas y en la casetera del carro camino a casa.

Aunque no tenía un radio, guardaba los casetes y videos en mi mochila, con la intención de escucharlos cuando tuviera uno. Se acercaba mi cumpleaños, y yo tenía la esperanza de que en casa hubiéramos superado la moderna religión de prohibir celebrar tu cumpleaños cada año.

La mejor excusa de mis padres siempre se basaba en creencias religiosas. Siempre se libraban de comprarnos regalos para nuestros cumpleaños o en otras celebraciones. O éramos demasiado pobres, o a Dios no le agradaba. Desafortunadamente, ese año éramos demasiado pobres. De cualquier forma sería otro año sin regalos.

En ocasiones corríamos con suerte cuando el jefe de mi mamá adoptaba familias durante las festividades. A veces, era la única forma en que podíamos recibir regalos en las fiestas o comer pavo para Acción de Gracias.

De modo que ahí estaba yo de nuevo, sin una buena excusa para justificar que no había visto los videos o escuchado los casetes. Para ser honesta, parte de la razón por la que no lo intentaba un poco más era porque sentía que no me iban a agradar. Los intereses de los demás por lo general no eran los míos, de hecho, rara vez lo eran. Muy pocas personas compartían intereses conmigo.

Sherry me preguntaba al inicio de cada día. Comenzaba a cansarme.

"¿Ya los escuchaste?" Ahora era parte de su rutina preguntarme si lo había hecho o no.

Y yo siempre respondía, "Aún no, pero pronto voy a conseguir un radio".

Ella echaba arriba sus ojos como si yo estuviera inventando cosas. Supongo que nunca había sido pobre. Ciertamente es lo que parecía ser.

Sherry parecía tener todo lo que yo no. Siempre tenía un par de zapatos nuevos, o accesorios nuevos para combinar con su ropa. Tenía todos los casetes de los Pet Shop Boys, y había ido a sus conciertos. ¿Qué se sentiría? Parecía que le daban todo lo que quería, tanto cosas locales como envíos de Europa, cosa que disfrutaba mencionar todo el tiempo. Le gustaba presumir lo que le habían dado y de dónde era.

"Solo escúchalos", repetía, como si yo estuviera haciendo esto a propósito para molestarla. "Smiley dice que te dejes de tonterías y consigas ya un radio, hasta él ya los escuchó". Y se iba, dejándome de pie a mitad del pasillo, y entraba a su aula. Duraba enojada algún tiempo; y luego la siguiente mañana era lo mismo. ¿Creía acaso que yo estaba jugando con ella? Yo ya no soportaba escuchar esto todos los días. Cada vez, era la misma mierda. Simplemente, Sherry no entendía.

DIEZ

Es solo smiley

Al día siguiente, cuando llegó la hora del almuerzo, me dirigí a nuestro punto de reunión usual, cerca de las máquinas de Coca-Cola. Estaba esperando a Sherry como la obediente criada que me había entrenado a ser.

Pasaron algunos minutos pero nada de Sherry. Era comprensible, aún no sonaba el timbre. Era un poco temprano, así que me compré una Coca-Cola fría de la máquina cercana y observé desde un rincón oscuro a VZ entrar al comedor en el turno del grupo B. Lo vigilaba para poder reportar a Sherry cuando llegara el momento. Juntas reflexionaríamos sobre lo que habría sucedido durante su ausencia. La vi caminar hacia mí por el pasillo.

Creí que me había visto. Pero justo en el momento en que se acercaba, se desvió y entró a la oficina de subdirectores, antes de que yo pudiera llamarla. No me importó, pero me preguntaba cuál sería su intención. Algunas veces durante la hora del almuerzo se iba directo a su oficina, y yo me preguntaba si era entonces que parloteaba hablándole de mí. Tenía que ser así, puesto que siempre estaba conmigo excepto en los momentos en que alguna estaba en clase y en ocasiones como ésta, que ella no había mencionado.

Esperé cerca de las máquinas de Coca-Cola, preguntándome si saldría de ahí, y preguntándome si estaba hablando de mí otra vez, o de qué hablaría.

Cuando por fin salió, yo no esperaba que él estuviera ahí con ella, pero ahí estaban, los dos. Sherry parecía estar orgullosa de caminar a su lado. Él lucía aburrido a morir cuando se acercaron por el pasillo y entraron al comedor. Los observé a distancia, oculta y esperando que Sherry no me viera, al menos no hasta que el señor CZ estuviera fuera del radar.

No lo hizo. Estaba demasiado embebida como para notar que ahí estaba yo, a unos pasos. Demasiado engatusada con su señor CZ para volver la vista.

Di un paso al descubierto, pero ninguno de los dos miró hacia mi dirección. A través de los años, yo había desarrollado exitosamente el poder de la invisibilidad. Incluso cuando no quería serlo, era invisible.

Entraron al comedor por el extremo opuesto. Sherry y el señor CZ caminaron hasta el expectante VZ, alias Gumby. El flacucho subdirector había permanecido en el comedor durante los pocos minutos que yo había estado ahí.

Seguí observando el interior del comedor desde mi lugar detrás de la entrada próxima a la máquina de Coca-Cola. No quería que me vieran. Podía ya sentir que el señor CZ me había visto. Lo juro, podía sentir sus ojos devolviéndome la mirada, sin importar lo que hiciera para ocultarme detrás de las puertas metálicas del comedor. Quería saber lo que estaba sucediendo. Y ¿por qué sentía que algo no estaba bien con él? ¿Era acaso el Thomas máximo?

¿Era Sherry una prisionera? ¿Corría peligro? ¿Me necesitaba? Esperaba que no. Extrañamente, parecía estar feliz ahí a su lado. Traté de hacerle señas, pero estaba demasiado abstraída con su presencia. Era algo raro de observar, pero esa parecía ser la realidad. Mis dudas comenzaron a disiparse, pero tenía aún más preguntas que antes.

Podía verlo todo desde mi escondite. Vi a ambos hombres

hablar durante unos minutos, mientras yo bebía rápidamente mi lata roja de Coca-Cola. Incluso vi a VZ decirle algo a Sherry, pero ella no pareció reaccionar a lo que sea que le haya dicho. Solo lo miró como hipnotizada. Aunque cuando CZ la tomaba en cuenta, una sonrisa se dibujaba inmediatamente en ella. Finalmente Gumby dejó a CZ y Sherry solos.

Vi a Gumby dirigirse a una de las puertas laterales del comedor, entrar al pasillo y dar la vuelta hacia el pasillo principal.

Me cuidé la espalda hasta que Gumby estaba a una distancia segura. Sabiendo que ya no representaba una amenaza, podía observar lo que sucedía en el interior del comedor.

Satisfecha con observar desde mi sitio, consideré desplazarme al otro extremo del comedor, más cercano a la entrada, pero preferí quedarme en el pasillo de la máquina de Coca-Cola. Era un sitio peligroso, porque todo el mundo espiaba desde ahí. No me preocupé, sabía que Sherry no permitiría que me descubrieran. Me pregunté si sabía siquiera que yo estaba ahí… sí, por supuesto que lo sabía. Noté que sonreía en mi dirección. Me hizo una seña para que me acercara, pero yo me oculté cuando el señor CZ volteó hacia mí desde el comedor. En un principio fingió no verme. Pude verlo pasear su vista por todo el comedor, observando a quienes se encontraban ahí con tal autoridad que me daba asco. Hábitos de un Jack.

Sherry tocó al señor CZ y señaló hacia mí a modo de que me viera, antes de que yo pudiera ocultarme. El señor CZ me vio. Yo parecía una idiota, tratando de ocultarme y de sonreír como si nada pasara. El señor CZ me miró con la misma expresión con que veía a todos, una sonrisa burlona y arrogante, y después apartó su vista, como si yo no fuera nadie.

Después de eso, me fui caminando al siguiente pasillo, donde las sombras pudieran ocultarme. Era ahí donde los punks y los goths acechaban en las escaleras. Me había ido a un lugar donde los olvidados eran más valorados.

Me quedé ahí unos minutos, hasta que Sherry salió del comedor portando la sonrisa de una persona enloquecida. En cuanto me vio, soltó a reír. Pensé que nos avergonzaría a ambas.

"¿Me viste con Smiley?"

¿Cómo no haberla visto? Asentí, tontamente.

"Es tan gracioso", comenzó a decir ella, tomándome de los hombros y comportándose como si un chico la hubiera invitado a la graduación. Estaba histérica. Uno pensaría que había tenido una cita con el hombre.

"¿Qué estás haciendo?", pregunté. "¿Por qué estaba ahí?". Preguntaba como si no tuviera derecho a estar en el comedor. De alguna forma, no lo tenía: era *nuestro* lugar. Estaba invadiendo, y no solo eso, sino que estaba robando mi tiempo de almuerzo. Yo quería un almuerzo tranquilo, y ahí estaba él, espiando. Era nuestro momento para hablar de las cosas.

"¿No es genial?", exclamó Sherry, delirando de nuevo.

"¿Qué trama? ¿Por qué estaba ahí?"

Sherry no respondió, solo siguió riendo. "Smiley te está vigilando, ¿qué otra cosa?", respondió por fin entre risas.

"¿Qué? Mientes". Pero en realidad, me sentía un poco intrigada y halagada con esa noticia. De nuevo flotaba ese sentido de mi importancia en el aire. "No inventes. ¿En serio?", pregunté, esperando que no saliera del comedor justo cuando estábamos hablando de él.

"Sí, es lo que me dijo. Está aquí para vigilarte. Le encargó a VZ que te observara mientras él trabaja su oficina. VZ le estaba pasando su informe cuando vinimos".

No quería creerlo, pero no podía evitar imaginar cómo habría sucedido todo. Ahí estaba Smiley, sentado en su escritorio, con Sherry frente a él.

"Adelante, VZ", CZ toma su radio. "¿La puedes ver?"

"Sí, Sr. CZ, acaba de salir a almorzar, grupo B. Tal vez quiera usted. venir, necesitaré apoyo. Necesito hacer del dos".

"¡Por Dios!", suspira el Sr. CZ, "Muy bien; ten cuidado para que no sospeche. En seguida estaré ahí", responde de nuevo al radio.

Sí, podía verlo claramente cuando Sherry lo describió con sus propias palabras. Sacudí la cabeza.

Miré a Sherry; las imágenes me dejaron deseando asomarme al comedor para confirmarlo mediante alguna de sus miradas. Sin embargo, sabía que eso no me iba a satisfacer.

"Me preguntó dónde estabas y por qué te escondías de él. Dijo que no te va a morder".

Sus palabras me sorprendieron.

"En fin, tenía a VZ vigilándote y lo mandó a que regresara a su oficina cuando él estuvo listo para salir. No podía salir antes porque estaba trabajando en un proyecto para el Dr. Mc.; lo sé porque estaba con él en su oficina".

"Sí, te vi", dije yo.

"Entonces, ¿sabes que estábamos hablando de ti otra vez?", me informó Sherry.

"¿Qué? ¿Sobre qué? ¡Dejen de hablar de mí!", insistí, aunque se sentía bien tener una razón para existir, más allá de simplemente podrirme.

"No soy yo, es Smiley. Le gusta hablar de ti".

La miré, parpadeando. Estaba sorprendida y un poco desconcertada por la información. "¿De verdad?", quise saber.

"Es verdad". Sonrió ampliamente.

"¿Por qué?", balbuceé. ¿En verdad le gustaba?

"No sé. Tal vez le interesas. Tal vez le gustas. Eso sería divertido ¿no crees?" Su sonrisa creció y guiñó un ojo, tocándome ligeramente con el codo.

"¿Qué? ¡No es divertido!" No lo era. Ni un poco.

"¡Le gustas a Smiley!", se burló Sherry, muerta de la risa.

"¡Basta! No le gusto". ¿Sería verdad?... No, ¿cómo me

atrevía siquiera a preguntármelo? Por supuesto que no era así. Simplemente intentaba torturarme y asustarme, lo mismo que hacía Sherry.

"Vamos", rio Sherry, y comenzó a caminar, haciendo una seña para que la siguiera.

"¿A dónde vas? No voy a ir ahí, si es lo que estás pensando", dije de inmediato.

"No, ven. Tengo que comprar una Coca-Cola para Smiley. Me está esperando".

"¿Una Coca-Cola? ¿Te manda a comprar su refresco, ahora? ¿Por qué no la compra él? Supongo que también tienes que pagarla tú, ¿no es así?", pregunté con sarcasmo. La sonrisa en su rostro creció.

"No, me dio un dólar, mira", se rio ella, sacudiendo el billete frente a mis ojos.

Lo miré asombrada mientras caminamos hacia la máquina de Coca-Cola. Miré hacia atrás y alcancé a verlo hablando con unas porristas. Me sorprendí a mí misma poniéndome un poco celosa; de momento creía tener cierta ventaja sobre ellas sin importar lo bien parecidas que fueran, pues sabía que no estaba tras de ninguna de ellas…

¿Qué rayos se había apoderado de mí, de pronto?

Sherry compró la Coca-Cola de Smiley y una segunda para ella. Después, se dirigió de vuelta a la entrada del comedor.

"Ven, vamos. Ven con nosotros. Smiley dice que no te va a morder. Vamos", dijo Sherry entre risas. Cuando vio que no me movía, hizo una mueca y se dio por vencida, porque sus manos se enfriaban al sostener ambas latas.

"Como quieras, le diré que te dio miedo. Se va a reír y te va a llamar cobarde", se burló.

Me quedé callada viendo cómo ella se abría camino entre la multitud de estudiantes hasta llegar a Smiley, quien seguía hablando con las porristas.

Me pregunté qué pensaría Sherry al ver eso. Me pregunté

si se sentiría un poco celosa, como yo. Supuse que sí, estando ahí de pie esperando a que se retiraran, con dos latas de Coca-Cola frías en sus manos y su rostro inexpresivo. Yo estaría furiosa.

Me acerqué de nuevo a la entrada, pero tratando de mantenerme fuera de su vista. Vi cómo se desarrollaba la escena, los vi intercambiando palabras de nuevo. El señor CZ de nuevo volvió la vista en dirección a mí. Logré escabullirme esta vez, incluso corrí a ocultarme en las sombras del pasillo. Temía que saliera, pero al no verlo cerca de la entrada, me acerqué otra vez a ver qué había sucedido.

Al mirar, noté que Sherry había desaparecido y CZ estaba solo bebiendo su Coca-Cola como si ella jamás hubiese estado ahí. Entré en pánico. ¿Qué había hecho con ella? No parecía molestarle que no estuviera. Estaba solo, siendo observado por una experta como yo. Yo no era cualquier persona. Lo había descubierto. No iba a salirse con la suya, deshaciéndose de una niña gorda como Sherry. Yo no lo iba a permitir. Y en ese momento, alguien me tomó del hombro por detrás.

¿VZ? Faltó poco para que su nombre se escapara a mis labios, porque era el primer nombre que me vino a la mente. Sherry me había revelado que habían estado hablando de mí antes de que acompañara a CZ al comedor.

Estuve a un pelo de gritar antes de ver la enorme sonrisa de Sherry.

"¿Te asusté? ¿Quién creías que era, Smiley?", dijo riendo.

"No, de hecho, pensé que eras VZ".

"¿Ese gran tarado? Sí, cómo no. No hace nada que Smiley no le ordene. Smiley le dijo que regresara a su oficina".

Fruncí el ceño. No me interesaba. Solo quería saber qué había pasado entre ella y Smiley. ¿De qué habían hablado?

"¿Y qué pasó?", la interrogué con impaciencia.

"Nada, solo hablamos de ti un poco. Después empezó a aburrirme cuando empezó a hablar de que el Dr. Mc no lo toma en serio, pero que a los otros tarados los escucha sin importar lo estúpidas que sean sus ideas. Es porque son blancos, y VZ, bueno, él se ve blanco, así que está bien". Sherry se rio.

"Me aburrí con todo eso, así que me fui. Solo le dije, 'oh, qué bien, señor CZ. Bueno, chao'. Me miró como si estuviera loca. Siguió hablando hasta cuando ya me estaba yendo. Me dio risa. ¡Qué idiota!"

Tomó un sorbo de su Coca-Cola y volvió a reír. Intenté ignorarla, al tiempo que me mantuve alerta, como siempre, para detectar cualquier cosa inusual. No quería bajar la guardia, generalmente era cuando lo hacía que llegaban los problemas.

Me asome al comedor, buscando al señor CZ por el centro de la misma. Entré en pánico cuando ya no lo vi en donde antes había estado. Me volví para informar esto a Sherry, y en ese momento lo vi aparecer desde el otro extremo del comedor. Era otra entrada al final del pasillo de la máquina de Coca-Cola. ¿Ya les he dicho que el pasillo de la máquina de Coca-Cola era muy estrecho y en ocasiones se abarrotaba?

De cualquier manera, ahí estaba él, avanzando hacia nosotras. Por supuesto, una persona normal hubiera girado y echado a correr hacia el pasillo de la izquierda y subiendo las escaleras. Pero cuando quise hacerlo, Sherry tomó mi manga y dio un jalón hacia la dirección opuesta. La volteé a ver. No lo había visto. Aunque yo quería decirle, no sabía cómo hacerlo. Ella apenas había notado que Smiley no se encontraba en su lugar al centro del comedor, y, como yo, se había paniqueado, pero no parecía estar tan atemorizada como yo lo había estado. Más bien le preocupaba a dónde se habría ido. Yo no podía hablar: Smiley se aproximaba. Miraba hacia adelante, y no hacia nosotras. Creo que hubiera sido un error hacerlo. Un error bastante obvio. Smiley fingió no vernos, como si no estuviéramos ahí. De modo que, así es como lo hacía. Tan *así-como-si-nada*.

Sherry aún no lo había visto. Smiley, con sus manos detrás

de su espalda, caminaba detrás de ella, rodeando algunos estudiantes. ¿Ya he dicho que el lugar estaba abarrotado?

"¡Ey! ¿A dónde fue?", repitió Sherry, esta vez en voz alta. "¿A dónde se fue Smiley?"

Me mordí el labio; estaba de pie detrás de ella. Le hice señales con la mirada, intentando que se callara. Smiley sonrió, se detuvo justamente detrás de nosotros, como si no hubiera otro sitio a donde ir. Miraba hacia adelante, fingiendo que éramos invisibles, fingiendo que nosotras no estábamos ahí en absoluto. En todo momento estaba sonriendo y con sus brazos detrás de su espalda. ¿Es que quería abarcarlo todo? ¿A nosotras? ¿El panorama?

A la larga, Sherry entendió mis señas y se volteó. No estaba sorprendida, sino que se reía cuando cayó en cuenta de que lo había llamado 'Smiley' en su cara, sin percatarse de que había estado detrás de ella todo el tiempo.

"¿Sr. CZ? ¿Qué hace aquí?", preguntó con descaro.

Smiley entrecerró los ojos y la miró como si la estuviera viendo por primera vez. En seguida, se volvió hacia mí. Yo desvié la mirada y bebí de la Coca-Cola que sostenía. Quería desaparecer, que me tragara la tierra; quería no estar ahí.

"¿Nos está siguiendo?" Sherry rio fuerte.

Smiley sonrió.

"Solo estoy pendiente de ustedes, señoritas", siseó Smiley.

Por poco me atraganto con la Coca-Cola. De hecho, comencé a toser cuando Smiley avanzó un poco, señalando a un estudiante que caminaba demasiado rápido. Avanzaba despacio, estaba demasiado cerca aún como para pudiéramos analizar en voz baja la situación que acababa de acontecer.

"¡Te lo dije!", exclamó Sherry entre risas. Se agazapó a mi lado, tomó mi brazo, y corrimos juntas hasta el otro extremo del pasillo, tan lejos de Smiley como pudimos. Él siguió caminando sin voltear atrás. Sentí que estaba muy consciente de que lo observábamos. No me cabía la menor duda, a juzgar por la manera pausada en que movía su cuerpo, y el hecho de que sus ojos no estaban mirando hacia adelante del todo, como si mirara un poco hacia atrás sin volver la cabeza. No, no cabía duda.

"No lo puedo creer", dije en voz alta.

"Te lo dije, Smiley te está vigilando", susurró Sherry tras sus enormes labios rojos. "No me creíste".

Yo no estaba tan segura, por supuesto, pero estaba más cerca de ser una creyente que nunca antes.

"¿Crees que nos oyó?" Me causaba gracia el que lo hubiéramos llamado Smiley.

"Sí, lo llamé Smiley cuando estaba justo atrás de mí. ¿Por qué no me dijiste que estaba atrás?"

Me reí recordando el momento. Había sido divertido ver cómo se desarrolló, y no poder detenerla antes de que lo dijera.

"¡Traté!", dije con honestidad y sin dejar de reír. Mi corazón parecía tren de carga dentro de mi pecho. Mi adrenalina estaba por los cielos.

"¡Smiley nos oyó llamarlo Smiley!", exclamó Sherry.

"No creo que sepa de quién hablábamos. ¿Tú crees que sí?"

"Sí, creo que sí". Sherry se doblaba de la risa.

"No puedo creer que nos haya tomado por sorpresa así. ¿Qué planea? Necesitamos ser más cuidadosas para la otra".

De modo que buscamos a nuestro alrededor, pero no lo vimos de nuevo. Extrañamente, había desaparecido del comedor por el momento.

ONCE

Melinda, la sobrina de VZ

Nunca me he visto a mí misma como una persona actualizada en temas de moda y estilo, y no me importaba haber escuchado o no esos casetes. Sin embargo, sentía que si no lo hacía, me harían a un lado. Sabía que nuestra amistad se vería afectada por el hecho de que yo no podía escuchar a Neil Tennant cantar *Domino Dancing*. Y no solo eso, Sherry estaba al día en todo, particularmente en música y las bandas más populares del momento, y quería que yo también lo estuviera. Se hizo al hábito de recordarme escuchar esos casetes, todos los días.

Yo la buscaba para que me diera ese tipo de información, puesto que era la única que tenía MTV. Incluso cuando yo no quería, ella hallaba la forma de hacerme ver cuánto lo necesitaba. Pronto esto se volvió un problema constante. Para finales del mes, yo tenía en mi mochila cinco casetes y un video que me había grabado con videos de grupos como: The Cure, Erasure, Depeche Mode, y por supuesto, los Pet Shop Boys. Yo estaba decidida a no devolverlos sin haber escuchado la música o visto los videos que, por el momento, nos habían separado. Salí de clase y alcancé a ver a Sherry cerca de mi locker, esperándome como acostumbraba. En verdad no quería escuchar lo mismo otra vez. Sabía que necesitaba conseguir un radio, pero no me hubiera sorprendido si ella lo mencionaba.

Me encontré con Sherry a medio camino. Temiendo el momento en que me preguntaría si había visto los videos o escuchado la música, traté de evitar el tema, pero era prácticamente imposible: para ella no había otra cosa. Si la conversación no era sobre Smiley, no tenía otra cosa qué ofrecer más que su conocimiento musical.

"¿Has visto a Smiley hoy?", pregunté, con la esperanza de que hubiera olvidado el asunto de los casetes que me había prestado. Intenté llevar la conversación a otro tema antes de que ella sacara el tema de la música.

Sherry asintió. "Sí, me preguntó si quieres que te preste su radio". Enseguida rompió a reír. Yo sabía que no había forma de evitarlo. "Estás loca, ¿sabes? ¿Quién no tiene un radio? Por lo menos podrías usar un pretexto mejor. Es lo que dice Smiley".

Eché arriba los ojos y traté de sonreír. ¿Quería que lo dijera? Soy pobre. ¿Realmente quería humillarme? Por un instante, quise gritarle. Me hervía la sangre de la rabia. ¿Debía gritarlo para que entendiera? ¿Era algo de lo cual sentirme orgullosa? Por supuesto que no. Yo era pobre, eso era todo.

No grité, solo dije muy quedo: "soy pobre, somos muy pobres, no podemos comprar una ¿está bien?". Tenía la esperanza de satisfacer así su crueldad y tal vez sensibilizarla un poco.

En lugar de eso, solo hizo un gesto echando arriba los ojos. Yo buscaba un poco de compasión, pero solo obtuve un sermón.

"¡Por favor! Hasta los pobres tienen radios. Deja de payasear y ya escúchalos. Te prometo que te van a encantar. Confía en mí. Nunca te he mentido, en nada. ¿O sí? ¿Te he mentido?"

Murmuré algo para mí misma, deseando que lo escuchara, pero sentí alivio cuando no lo hizo. ¿De verdad quería una respuesta?

"Muy bien, entonces. Así que escúchalos. Te van a encantar. Eso dijo Smiley". Se rio de sus propias palabras.

"Bueno". Me puse roja como tomate. ¿Cómo podría evitar que se prolongara esta vergüenza?

Hice – y había hecho – mi mejor esfuerzo para ignorarla cuando se ponía tan insoportable. Como si diciendo que Smiley me lo había ordenado, lograría que yo hiciera lo que ella quería. Seguía sin tener un radio, así que eso no hacía ninguna diferencia. Cuando notó que yo estaba un poco de malas, cambió el tema por completo, iniciando lentamente otra conversación.

"En serio, eso dijo". Se refería al comentario del radio. Después, comenzó su cambio a la mitad de lo que estaba diciendo.

"¿Sabías que VZ tiene una sobrina y que a Smiley le gusta hablar de la sobrina de VZ? Smiley dijo que tuvo que darle un permiso para faltar a clase porque llegó tarde ayer por la mañana. VZ está muy orgulloso de su sobrina, la tiene en un pedestal". Sherry se rio. Oh no, aquí vamos de nuevo, pensé yo.

El tema de hoy sería la sobrina de VZ, Melinda.

Una imagen de Melinda me veía de frente, llevaba puesto su uniforme de porrista. Era una chica linda con cabello largo rubio y ojos de color; en nada se parecía a su tío VZ, alto y peludo. Melinda sonreía y sacudía sus pompones animando al equipo de fútbol de Middleton. Era el tipo de persona que no prestaba atención a la gente como yo. Las que se pasean por los pasillos con sus uniformes de porrista y platicando con profesores. Las que los profesores gustan y sienten orgullo de tener en sus clases. Las que se tienen que retirar temprano y no necesitan un permiso. Excepto para ir a la oficina para molestar a gente como Smiley, y asegurarse de que no necesitan un permiso. Las que ni los policías detienen fura de la escuela porque tienen esa cara de que no lastimarían ni a una mosca.

"Smiley solo hace un gesto y dice 'esa chica es una zorra y VZ ni siquiera lo sabe'", dijo Sherry.

Eché arriba los ojos. Por supuesto que diría algo así. Tampoco es que me pareciera difícil de creer. Junto con todas las otras categorías que le venían bien, no era difícil imaginarla en el cambiador, enrollada con algún jugador.

"Smiley llamó 'zorra' a Melinda", repitió Sherry, riendo fuerte; una pensaría que el mundo entero la iba a escuchar, pero por suerte nadie sabía de quién hablaba, o quién era ella. Y a nadie le importaba. Hasta donde sabían, solo era una idiota al lado de una tonta demasiado pobre como para vestir como una verdadera new waver. Yo era esa tonta.

"Sí sabes quién es; está en el equipo de porristas con Alemán, el hijo de Smiley. La aborrece, igual que su padre, pero es amable con ella. ¡Es un falso!", dijo Sherry.

Podía imaginar claramente a Alemán sonriéndole a Melinda, y en seguida frunciendo el ceño en cuanto ella le daba la espalda. Sherry lo había descrito perfectamente.

"En fin, hoy hablé con ella. Me asegura que Alemán le dijo que tú eres una mala persona y que no debe hablarte. Entonces Melinda dijo que hablaría de ti con su tío. Así que VZ lo sabe también".

Fantástico, cuantos más, mejor.

Podía imaginar claramente a Melinda hablando con VZ. La veía hablando con él y señalándome con el dedo, estando yo en el pasillo. La multitud de estudiantes abriéndose, dejándome al descubierto. VZ asintiendo con la cabeza mientras Melinda le susurra al oído. *Ahora ambos ríen de mí. Se ven graciosos, de pie uno al lado del otro, porque Melinda es baja, y VZ es tan alto. Él tiene que agacharse y verse como un idiota para alanzar a su sobrina. Por mucho que yo quera pensar que era gracioso, no puedo evitar sentirme avergonzada.*

"¿Qué?" Dije, incrédula.

"Así es, ¿no es gracioso?"

¿Estaba hablando en serio? Definitivamente no era tan graciosa como VZ doblándose en dos para poder hablar con su sobrina.

"Pues habla tú con ella. Dile que Alemán es un mentiroso y que está inventando cosas de mí. ¿La conoces?", pregunté.

"Sí, ya *tranquis*", soltó ella, y después añadió, "A Smiley le gusta decir eso". ¿Cuántas veces he tenido que escuchar lo que le gusta a Smiley? Estoy furiosa, y sin embargo una parte de mí está tranquila y disfrutando la atención inesperada de esos desconocidos. ¿Por qué yo?

"Habla con ella", insistí, mostrando los dientes.

"Lo haré, para tu carro. Smiley dice eso también. Se lo dice a VZ todo el tiempo".

Yo la miraba y ella sonreía como si nada malo pasara; como si yo fuera una niña o tal vez solo una idiota con la que le gustaba jugar. Quizás lo era.

"Para tu carro". Se rio, señalándome con su dedo regordete.

"¿Qué?"

Me miró arrugando la nariz, y suspiró. "Está bien, voy a hablar con ella. Así que no te sorprendas si te manda una nota hoy. En serio, eres peor que Smiley".

"¿Y eso qué se supone que quiere decir?"

"Tiene mal genio, igual que tú. ¿Qué es lo que no entiendes?", dijo Sherry.

¿Mal genio, en serio? Tengo mal genio cuando alguien se pone a hablar de mí sin razón o motivo. "No tengo mal genio", argumenté.

"Eso es lo que dijo Smiley. Ustedes dos tiene mucho en común. Smiley y tú son lo mismo".

No se podía ganar con ella, pero dejó el asunto por la paz. Yo intentaba ignorarla, aunque no era fácil.

A la siguiente semana, había escuchado toda la música que me había dado. Los casetes eran míos, me dijo. Ver los videos solo hizo que deseara tener MTV. Mis padres dicen que el cable es demasiado caro. Desafortunadamente, nuestra suscripción gratis había terminado.

El día siguiente, Sherry grabó más videos, y finalmente, *Beetlejuice* se convirtió en mi película favorita. Estoy despertando. Es la sensación más extraña que pueda sentir una joven. Soy por fin humana… bueno, al menos una parte de mí lo es, la parte que se supone que debe serlo, supongo. Todo es aún muy extraño para mí. Soy como una recién nacida. Pero ¡caray! Hasta los bebés pueden descubrir quiénes son. Hasta los bebés saben que nos normales, que son humanos; saben que son parte de un sistema y una sociedad. ¿Por qué yo no lo hacía? ¿Quién era yo?

Después de eso, comenzó con las citas. Las citas de Sherry nunca eran ignoradas; de hecho, las usaba mucho al conversar. Lo mismo hacía Smiley, aseguraba ella, junto con algunas expresiones también.

"A Smiley le gusta citar películas como Batman y Beetlejuice", explicó Sherry. "¿Ya viste Batman?", me preguntó.

No la había visto. Apenas habíamos adquirido una videocasetera en mi familia. Ir al cine era otra cosa que yo nunca había podido hacer. Quería preguntar cómo era ir, ver una película en la pantalla grande, pero no lo hice. No quería verme o sonar como una estúpida.

"Necesitas ir a ver Batman. ¡Es una película genial! Me gusta cuando el Guasón dice 'Como decía mi cirujano, *si te vas a ir, vete con una sonrisa*'". Se ríe. "¡Jack Nicholson es genial!"

"*Paren las rotativas -- ¿quién es ella?*", dijo, riendo de nuevo.

"*¿Alguna vez has bailado con el diablo a la luz de la luna?* Esa se la digo a Smiley todo el tiempo". No paraba.

Era una epidemia escolar. Las películas nos habían invadido. No dejaba de oír hablar de ellas en clase. Durante mate y arte, un tipo robó mis dibujos de Freddy Krueger. El arte era lo único que yo tenía en cuanto a películas que no podía ver.

Otra chica en mate estaba hablando de cómo Freddy Krueger había jalado a una de sus víctimas adolescentes dentro del colchón. Y después, un chorro de sangre salió de la cama. No lograba concentrarme. Más allá del robo, mis dibujos comenzaban a tomar una nueva forma de vida. No podía dejar de dibujar a Freddy Krueger; casi se había vuelto real. Aun así, era lo que estas películas habían hecho de los docentes y todos quienes me rodeaban. No había escape.

(Aquí pueden ver mis dibujos de Freddy Krueger)

Star Wars había sido mi favorita por mucho tiempo, pero casi todos mis dibujes tenían influencia del FBI y la NASA, agentes de gobierno de la vida real. Los Thomases. ¿Lo pueden ver aquí?

Aquí están mis dibujos de Star Wars.

Sentía envidia cuando escuchaba a mis compañeros hablar de la última película de Freddy Krueger. No había a dónde huir. Personas como Sherry no hablaban de otra cosa. Mis ojos añoraban imágenes que yo no podía ver. Si no las podía ver en persona, podía verlas en mi habitación, porque eso era lo único que tenía. A veces eso era suficiente. Se volvían más reales que las películas mismas. Y a veces no era suficiente.

Videos como *Why I can't be you* y *Boys don't cry* de The Cure me sumergían en un mundo propio, y durante horas me encerraba en mi habitación dibujando y explorando mundos a través de la música y las imágenes de la pantalla grande. Ya tenía un radio, y era mi mejor amigo. Podía imaginar a los personajes – personajes que me conocían, personajes que para mí, estaban vivos. Podía escribir sobre mundos y lugares que nunca había visto, sin dejar mi habitación. Todo crecía y se volvía extrañamente hermoso. No podía creer que nunca los había visto o sabido que existían. Yo estaba cambiando. Veía otras cosas, y quizá estaba perdiendo sentido del mundo que conocía. ¿Estaba dejando atrás estas cosas? No, estaba ampliando mis horizontes.

Me hallaba sentada en mi habitación, dibujando, escuchando música de fondo. Música que tal vez nunca escuchen ustedes, pero música que no me apena admitir que me gusta.

Las paredes de mi habitación estaban tapizadas de imágenes y personajes que yo había creado en mi imaginación. Este era mi santuario y mi cielo, todo en uno. Pero en ese momento sonó el teléfono y comencé a volver a la realidad, escuché a mi padre gritar que la llamada era para mí. Solo podía imaginar qué más me esperaba esta semana.

DOCE

¿Andy Bell quién?

A la larga, habló Sherry, pero no entendí del todo de qué hablaba. "¿Adivina quién me llamó?", soltó.

"¿Quién, Smiley?", pregunté, casi segura de que se trataba de él. A veces me aburría sin la escuela, sin los personajes de Middleton molestándome.

"¡No!" ¿Quieres dejar de pensar en Smiley por un momento? Ya sé que es tu amigo, pero no se trata de él".

Por supuesto, me molesté, ¿mi amigo, lo decía en serio? "¿Quién, entonces, Gaby?", pregunté, ¿quién más había?

"No", pero antes de que yo pudiera adivinar otro nombre, continuó, "Andy Bell".

Bien. Esa no me la esperaba. Separé el teléfono de mi oreja y lo miré con extrañeza mientras ella gritaba ese nombre una y otra vez. ¿Estaba hablando en serio?

"¿Quién?" Mi voz sonaba a duda. ¿Y quién no dudaría, no les parece? No estoy completamente loca. Al menos, no lo creo.

"¿Estás sorda?", replicó Sherry un tanto grosera.

"¿Hablas en serio?", le respondí yo.

"¿No me crees?", dijo ella, aún más grosera.

¿Le creía?

Sherry siempre trataba de hacerme sentir culpable cuando sentía que dudaba de ella. Yo no sabía qué creer, pero seguí esuchando.

"Me llamó por teléfono", continuó Sherry.

"Bueno", comencé, todavía dudosa. "¿Qué dijo?" ¿En verdad estaba yo preguntando eso? Sí, sí lo estaba. Esperé como una tonta, como una perdedora, la respuesta. ¿Estaba en verdad tan aburrida?

"Dijo que iba a pasar por la escuela mañana para hablar contigo".

"¿Qué, estás hablando en serio? ¿Por qué yo? En serio, ¿por qué yo?"

"¡Vaya, sí me estás escuchando! Bueno, dijo que esperará cerca de los lockers", dijo ella, con voz excitada.

Antes de preguntar acerca de los medios de comunicación y el personal de seguridad de la escuela, me detuve. Es decir, era obvio que la escuela estaría repleta de policías y los medios. Se trataba de *Andy Bell*, el cantante de una muy popular banda británica; me parece que la gente lo notaría ¿cierto? No pregunté, porque sería evidente que era una no creyente, y no quería serlo. Así que solo escuché. No tenía una respuesta. Escuché como una devota seguidora de un culto desquiciado. De cualquier forma, el día de mañana nos daría la respuesta: ¿Sherry decía la verdad?

Esto me recuerda a una chica a la que conocí en la secundaria, de la que me había hablado mi hermana. Se llamaba Jessica, le dijo a todo el mundo, sobre todo a los profesores, que estaba muriendo de cáncer. Mi hermana y muchos otros se sintieron muy mal por ella, y el día antes del último día de clases le hicieron muchos regalos y le desearon suerte. Fue al principio de la preparatoria cuando se enteraron de que no había muerto. Se preguntaban si había corrido con suerte. Resultó ser que había estado mintiendo, y que la única razón por la que dijo semejante cosa fue por atención. Nadie nunca le volvió a creer y no pudo hacer amistades. Tuvo que irse de Middleton, porque después de eso su reputación quedó por los suelos. Me sentí mal por ella, pero no podía imaginarme a mí misma haciendo algo como eso por la única razón de que a mí nadie me veía.

"Entonces, ¿mañana nos va a esperar en los lockers?", repetí. Quería estar segura. Quería estar segura de que no estaba oyendo lo que no era y que aún tenía los pies en la realidad. Aunque… ¿Era la realidad mía o la de ella?

"Sí, sí", dijo ella, como si yo fuera una idiota. De modo que me sentí como una idiota.

"¿No has estado poniendo atención a lo que te digo? Así que no llegues tarde, solo quería que lo supieras". Colgó el teléfono con fuerza. Tan repentinamente como había llamado, se fue.

Al día siguiente en el pasillo, me apresuré a encontrarla en su locker con la idea de ganarle en su propio juego, puesto que no habría nadie ahí. Después, se me ocurrió que bien podría tratar de hacer pasar a alguien como Andy Bell. Es decir, una tendría que estar bastante desesperada para hacer algo así, pero se trataba de Sherry. No me cabía la menor duda de que era capaz de hacerlo. Y por un minuto solamente, me pregunté si no habría dicho la verdad. Tal vez había ganado algún premio en MTV para conocer a Andy Bell en persona y yo era la única persona que no lo sabía. Quizás la iba a visitar disfrazado para que nadie lo reconociera… ténganme paciencia, la escuela era aburrida.

Sí, podía ver esto con claridad en mi imaginación. Andy Bell llegando a las instalaciones de la escuela, caminando frente a la oficina de subdirectores. *Se dirige al segundo piso. Lleva puesto un suéter negro con capucha, cubriendo su rubia cabellera. Lleva también lentes oscuros. Entra a tropezones al pasillo donde se encuentra el locker de Sherry. Tiene sus manos metidas en los bolsillos. Está como pez en el agua entre la multitud. Y aunque mide más de 1.80, a nadie le extraña que esté ahí.*

"¿Lo viste?", preguntó Sherry cuando llegué a su locker, casi sin aliento. Sí, claro. ¿Cómo iba a no ver a Andy Bell? Seguramente se me fue desapercibido.

"¿Quién?", pregunté de Vuelta. Estábamos de pie en el segundo piso, cerca de su locker. No podía referirse a Andy Bell, ¿verdad?

"Andy Bell", dijo en voz baja.

"¿Andy Bell?", repetí. No estaba segura de si ella hablaba en serio. En realidad no importaba. Sí, hablaba en serio.

"Sí. ¿Estás sorda? Estuvo aquí un minuto antes de que llegaras".

Mi mejor defensa siempre ha sido no decir nada, o solo asentir. Quería saber a dónde iba con esto. Tal vez estaba jugando algún juego, y no quería ser yo la única que no entendía. Estaba segura de que tarde o temprano diría que solo estaba jugando, pero eso nunca pasó. Y esperé un largo tiempo. A decir verdad, sigo esperando.

"¿Estuvo aquí?", pregunté decepcionada. Aún estaba razonablemente segura de que me estaba mintiendo, pero ella no daba su brazo a torcer.

"Sí, quería verte. Le dije que esperara, pero dijo que perdería su vuelo", aseguró Sherry. ¿Y por qué habría de interrumpir su ocupada agenda Andy Bell y dedicar tiempo a venir a verme a mí, una absoluta nadie en una preparatoria local?

No era la primera vez que Sherry inventaba algo así de extraño. De hecho, una semana antes había asegurado haber hablado con Neil Tennant. Sí, *el* Neil Tennant, de los Pet Shop Boys.

Fue la misma semana en que Fabián, otro miembro del grupo de *new wavers* de Gaby, había sido internado en una clínica psiquiátrica. El fin de semana había sufrido una crisis e intentado suicidarse. Así era el drama de sus vidas. Sherry lo hacía sonar extraordinario; era peor que las telenovelas. Extrañamente, a mí me resultaba interesante. Me había llamado desde el hospital.

TRECE

La llamada de Fabián

Recordé la llamada de Fabián. La llamada entró bastante noche, yo contaba con poco tiempo para hablar, y eso a susurros puesto que ya casi era hora de dormir.

"Sí, mi tío es un cabrón. Tienes que cuidarte. Es por su culpa que estoy aquí", admitió Fabián.

"¿Smiley es tu tío?", pregunté con incredulidad, en voz baja.

"Sí, por eso estoy aquí. Me llamó maricón; ya no lo soportaba. Siempre me trata horrible. Así que me tragué una botella de píldoras para demostrarle que no soy ningún maricón". Su voz sonaba como Sherry haciendo la peor imitación posible de un homosexual. Fabián continuó, y yo podía visualizar claramente lo que había descrito.

Vi a Fabián gritarle a Smiley, subir corriendo las escaleras y encerrándose en su habitación. *Toma una botella de píldoras del botiquín de su baño y las vacía en su garganta. Incluso puedo verlo en la camilla. Smiley se ríe de él mientras se lo llevan al hospital.* Cuando hablé con Fabián, lo imaginaba al teléfono, llamándome desde una habitación blanca. Las ventanas tenían barras.

Fabián llevaba puesta una bata blanca como en la mayoría de los hospitales psiquiátricos. La bata apenas y cerraba por detrás. Yo sabía que era así porque, por fin, lo había visto en los cortos de Freddy Krueger cuando los pasaban en la televisión para anunciar la película. Los chicos estaban en un hospital psiquiátrico y Freddy los comenzaba a matar uno por uno. Era un hospital para desórdenes del sueño o algo así.

Fabián me habló de las cosas horribles que sucedían ahí. Dijo que las enfermeras llegaban 24 horas al día a checarlo y lo medicaban. Habló de lo mucho que quería escapar, pero su tío, Smiley, había firmado los formatos para asegurarse de que se quedara ahí dentro un largo tiempo. Lo tendrían encerrado ahí hasta que le quitaran lo gay, porque ser gay estaba mal. Le habían dicho que algo estaba mal con él, que no era normal. Yo no podía estar de acuerdo o en desacuerdo, solo pensaba que si alguien quería cambiarte por cualquier motivo, sin importar por qué, estaban tratando de quitarte lo que hacía que tú fueras tú. Después, nunca serías tú de nuevo. Serías algo totalmente diferente, algo que *ellos* podían aceptar.

Me sentí mal por Fabián, pero ¿qué podía hacer yo? Me siguió llamando unos días. Tan pronto llegaba de la escuela recibía su llamada, y me platicaba lo que había escuchado.

"Me tienen medicado", me decía Fabián. "Hoy vino a verme mi tío. Todo el tiempo estuvo riéndose de mí. Le dijo a la enfermera que me tenga siempre drogado para que no trate de escapar. Si esto sigue así, voy a tratar de matarme otra vez. He estado guardando algunas de las píldoras que me dan debajo de mi almohada".

"¿Qué más dijo?", pregunté. Esperaba que me dijera si Smiley me había mencionado. Me preocupaba que así fuera.

"La misma mierda. Dice cosas como '¿Esto es lo que querías?'"

Cuando dijo eso, pude ver una imagen de mis padres diciéndome exactamente lo mismo en tantas ocasiones, refiriéndose a cosas que no quería recordar nunca. Podía comprender por lo que estaba pasando Fabián.

"Me culpa de todo. Y ahora está enojado porque sabe que

hemos estado hablando", aseguró Fabián. Y ahí estaba. Lo que yo buscaba, lo que había estado esperando escuchar.

"¿Y por qué le importa?", pregunté. Me deleitaba cuando la conversación se centraba en mí.

"Porque piensa que voy a hablar demasiado y que tú vas a abrir la boca y decir cosas malas sobre él. Me culpa a mí por arruinar el nombre de la familia. Quiere esconderme como si fuera algún secreto maligno".

"¡Maldito cabrón!" En verdad comencé a soltar insultos. Me sentía muy triste por Fabián, y no podía ayudarlo. Sentía que estábamos vinculados, que teníamos una conexión, porque yo podía comprender su situación.

"Sí, ya sé. Pero no hay casi nada que pueda hacer. Gaby trató de ayudarme a salir. Pero descubrieron el papel que estaba tratando de meter a escondidas al hospital para mí. Entonces, cuando mi tío lo supo, amenazó con meterla aquí también si lo intentaba de nuevo. De hecho, lo está considerando en serio. Para él sería la solución para sacar a Gaby de su vida y que lo deje de molestar", dijo Fabián.

"¡Maldito hijo de…!", exclamé. Me tapé en la boca al darme cuenta de que había gritado un poco demasiado fuerte.

"Es mejor que te cuides, mi tío nos vigila. Lo vigila todo. Gaby dijo que tratará de llamarte. Es difícil hacer llamadas cuando mi tío le esconde los teléfonos".

Podía imaginar a Smiley, muerto de risa, persiguiendo a Gaby dentro de la casona que compartían. Gaby corriendo por su vida subiendo las escaleras, Smiley detrás de ella, gritando a todo pulmón que no era más que una zorra y que la iba a encerrar en el manicomio.

Hablaba con ellos por teléfono casi todos los días. Si no con Fabián, con Gaby. Incluso Saul me llamó en una ocasión para decirme cómo había embarazado a Gaby y que iban a tener gemelos. Lo podía imaginar.

Gaby está hecha una ballena, dice Smiley. De hecho, le gusta molestarla insultándola, por ejemplo, le dice: "estás más grande que un pavo de

Acción de Gracias". Y la amenaza con dar a sus hijos en adopción como había dado a último hijo con Mario, el otro new waver que yo había visto con ellos. Toda esta información yo la obtenía a través de Fabián, Gaby, Saul, o Sherry.

Por supuesto, Saul hablaba sobre todo de lo mismo que ya había yo escuchado de los otros. Los mismos cuentos de Smiley. Entonces no se me ocurrió pensarlo, pero Saul, Fabián, y Melinda usaban todos el nombre 'Smiley'. ¿Cómo lo supieron? Yo nunca lo llamaba Smiley; de hecho, ellos lo habían empezado a hacer mucho antes de que yo tuviera el placer.

Era sorprendente cuántas cosas sucedían en Middleton High sin que los demás se enteraran. Me sentía privilegiada y maldita al mismo tiempo. Tenía demasiada información para mi propio bien, y la pregunta era: ¿qué iba a hacer con ella?

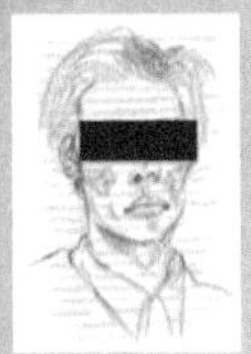

CATORCE

El incidente en Deady

Traté de olvidar todo lo que había escuchado. Traté de concentrarme en mis deberes escolares, pero era difícil ignorar todo lo que sucedía a mi alrededor. Recordé aquella vez con el señor Thomas, antes de que el señor. CZ formara parte de nuestras vidas. El señor Thomas había sido parte de mis aventuras con Tanis cuando íbamos a la Secundaria Deady.

"¿Era un agente encubierto?", me había preguntado una vez Tanis.

Yo no tenía idea.

Recuerdo que Tanis se había ofrecido para llevar la nota al buzón de los profesores. No tenía miedo, había dicho: no era ella a quien tenían en la mira – no dejaba de recordarme eso –, de modo que acepté su oferta. ¿Lo habíamos llevado demasiado lejos? ¿Quién la había convencido de que sólo estaban tras de mí?

"Solo entra a la oficina de asistencia y pon la nota en su buzón. ¿Crees que puedas hacerlo sin que te vean?", le pregunté.

"Sí puedo. Entro ahí muy seguido para ayudar en la oficina. Nadie va a pensar nada cuando me vean, no van a preguntar qué hago ahí". El rostro de Tanis lucía sonriente mientras se apresuraba por el pasillo para llegar a clase, con la nota en su mano. Solamente el tiempo reveló que la nota había sido entregada.

Caminábamos por los pasillos, nadando a través del mar de mascadores de chicle y bravucones abusivos que poblaban los pasillos, cada uno iba a su respectiva clase. Nos camuflábamos como otro par de niñas inocentes. "Pero sí lo somos", admitió Tanis con una risilla. Era la emoción del juego, entonces.

Le di con el codo. "No lo pierdas de vista", dije, mientras nos acercábamos a la esquina del pasillo. A la vuelta estaba el pasillo del señor Thomas, y una vez que lo tomáramos, no habría vuelta atrás. En otras ocasiones había sido una divertida rutina, pero nada nos había preparado para este momento. Nada, ni las revistas que los profesores nos repartían, ni los libros que habíamos leído sobre ovnis, ni las historias que entonces estábamos escribiendo. Este era un juego nuevo, era territorio virgen.

Eso era lo divertido de la secundaria. El control, la experimentación, y la operación. Sin arrepentimientos.

Un año después en la preparatoria Middleton, ahora éramos Sherry y yo. Sherry sostenía una grabadora minúscula en sus manos, presionando y probando sus botones.

"Voy a grabar a Smiley", me informó, sosteniendo mi grabadora en sus manos. Cuando protesté, me miró levantando una ceja. De pronto deseé no haber traído esa grabadora a la escuela, pero había sido idea suya, para jugar con ella. Me lo pidió, y lo hice. No sé por qué. ¿Tal vez por aceptación?

"No seas tarada", me dijo, lanzándome una mirada fugaz, "solo lo voy a grabar. Será divertido".

"¿Para qué?" Creí que era una buena pregunta.

"Para divertirnos. Es un gran tarado, y me gusta jugar con él".

Supongo que ella no quería reconocerlo, pero no había

una verdadera razón. Tal vez no significaba un verdadero peligro. Yo sabía lo que ella sentía, pero no podía dejar de pensar en el pobre del señor Thomas en Deady. Alguna vez fui Sherry, temeraria e imprudente, peligrosa y rebelde. Había asustado al hombre. No lo había querido reconocer, hasta ahora. Y lo que yo había hecho, había sido solo por diversión. ¿Qué estaría pensando él, en ese momento en que Tanis y yo recorrimos el pequeño pasillo, que entonces nos parecía un inmenso terreno, después de haber depositado esa nota en su buzón? Estábamos hostigando al perro... no, estábamos jugando con fuego, y usando gasolina como si no nos pudiéramos quemar.

Ahí estaba yo, con Sherry, y ella estaba haciendo exactamente lo mismo que yo había hecho entonces en Deady, excepto que esta vez Smiley había respondido, y era yo la que corría para ocultarme temblorosa en la oscuridad. Quería desaparecer antes de que me fuera imposible hacerlo más.

Observé a Sherry entrar en la oficina de subdirectores. Insistí en esperarla fuera. Si quería jugar con fuego, yo no la iba a detener, pero ciertamente tampoco iba a ser parte de eso. Mis notas ya eran muy bajas, eso era algo que tenía que remediar, pero había podido concentrarme. Solo podía pensar en Fabián y Gaby, y las imágenes con que ellos llenaban mi mente cuando me hablaban de Smiley. Era como si sus vidas dependieran de mí y de lo que yo fuera a hacer ahora.

Sin embargo, cuando los veía en los pasillos, seguían caminando sin decir una palabra. Cuando me sentaba sola en el comedor esperando a Sherry, apenas y volteaban a verme por un breve instante. Gaby sonreía, y Saul apartaba la vista como apenado. ¿Trataban de decirme algo? ¿Nos estaban vigilando? ¿Tenía el FBI micrófonos ocultos en el comedor por orden de Smiley? ¿Tan poderoso era? Por supuesto que no, pero a ese respecto no podía estar tan segura. ¿Cuál otra razón podría explicar el silencio de ellos?

"Deberías tener cuidado con Sherry", me dijo una vez Paul. Era un chico extravagante, parte del grupo de los populares. Sherry nos había presentado. Era el único miembro de ese grupo al que yo conocía. Era amigable y auténtico. Para ser honesta, su advertencia no me sorprendió.

"¿Qué quieres decir?", pregunté sonriendo. *¿De verdad eres tan ingenua?*, preguntaron sus ojos.

"Sherry tiende a decir muchas cosas ¿Sabes de qué hablo, cierto?", rio, y no dijo más. Lo dijo como si yo ya supiera de qué hablaba. Pero la pregunta era, ¿en realidad lo sabía, era algo en lo que estábamos de acuerdo? Por supuesto que intenté preguntarle, pero los de su grupo lo llamaron y se fue. Fabián estaba entre la masa de estudiantes junto con otro del que yo solo conocía el nombre, Mario. Tenía una cabellera de rizos oscuros como los de Gaby, que rodeaban su cabeza, y en su rostro un bigote negro espeso que le hacía ver mayor y natural. Me dirigió una sonrisa mientras se llevaban a Paul. Paul se despidió con un gesto y de inmediato se sumergió en su plática.

Me quedé sola de nuevo, perpleja y más confundida que antes. Sintiéndome poco importante y añorando convivir con personas reales como los del grupo de Paul. Yo era una nadie en una escuela de triunfadores sociales. Nunca le pregunté a Paul cuando lo vi de nuevo, pero se lo mencioné a Sherry.

"Paul es un gran tarado, no sabe lo que está pasando. Además, el muy maricón me dijo que te dijera cosas, también. No sé de qué rayos habla. Además tampoco es muy confiable que digamos". Su tono era tanto agresivo como defensivo.

Notó mi expresión.

"¿Qué, no me crees? ¿Sí sabes que se la pasa hablando de todo el mundo? También de ti".

La miré largamente, no sabía qué creer. Paul tendía a exagerar las cosas y hablar de los demás. Por lo menos eso era verdad. Yo tenía mis dudas sencillamente porque no había nada de qué hablar sobre mí. No tenía tanto tiempo de conocer a Paul, no tanto como a Sherry. Supuse que eso era lo que ella intentaba decirme. ¿Cómo podía yo confiar en alguien más y no en ella?

"Sí, tu gran amigo Paul, habla también de ti. Una vez fuimos juntos a hablar con Smiley, y empezó a decirle cosas de ti. Smiley mismo se sorprendió. Me lo dijo después. Yo estaba asombrada. Ya dudaba de Paul desde antes, creí que éramos amigos, o por lo menos conocidos. Está bien si no me crees, cuando quieras podemos ir y hablar con Smiley juntas".

"¿Qué? No, no me importa", murmuré. ¿Qué me importaba, ya? Claro que dolía que alguien como Paul, a quien de cierta forma admiraba, estuviera hablando mal de mí solo porque sí. Ni siquiera me conocía.

"Sí, dijo que te esfuerzas demasiado. Que da pena ajena cuando haces tantas cosas para ser amiga de ellos. Ven, vamos juntas y le preguntamos a Smiley, si quieres, pero eso es lo que dijo". Me tiró del brazo, comenzando a andar. Le quité mi brazo. Dolía escuchar eso, pero no me costaba imaginarlos diciendo esas cosas, incluso cuando Paul no parecía ser el tipo de chico que haría algo así.

"Vamos, él te va a decir cómo tu gran amigo estaba hablando mal de ti", dijo Sherry bruscamente, tratando de jalarme con ella. Yo di un paso atrás, rehusándome a avanzar. El asunto en general me avergonzaba, y aun más lo que ella intentaba ahora.

"Olvídalo, no quiero", dije.

"Bueno, ¿qué, no quieres preguntarle?", insistió, decidida a comprobar ante mí la veracidad de sus palabras. ¿Cómo me atrevía a dudar de ella? Yo solo me preguntaba por qué Paul me había dicho lo que dijo sobre ella.

"¡No!", grité. "Ya olvídalo, solo preguntaba".

"Como quieras, pero yo no me andaría creyendo lo que dice ese maricón. No se le puede creer nada de lo que dice".

Me quedé callada. Estaba claro que era una perdedora por haber dudado de Sherry. Me sentía terriblemente. Y ella no iba a permitir que lo olvidara. Eso, lo sabía.

"Tranquila. ¿Crees que yo te mentiría?" Me dio una palmada en el hombro, y notó que yo estaba alterada debido a la verdad que ella insistió en que yo conociera.

"Vamos, te invito una Coca-Cola, como diría Smiley". Traté de sonreír, ella reía, dándome continuas palmadas en el brazo. Era evidente que se sentía de nuevo en su elemento.

Nunca lo olvidé, y después de eso tuve cuidado de nunca dudar de ella otra vez.

QUINCE

La grabadora

Comencé a irme cuando pensé que Sherry no iba a salir de la oficina de subdirectores. Pero en el instante en que daba el primer paso, la puerta se abrió. Un estudiante salía, y mientras sostuvo abierta la puerta, pude verlos en la oficina interior. Smiley estaba de pie cerca de la entrada de su oficina, y Sherry estaba riendo como siempre lo hacía. Pude ver la pequeña grabadora en su mano. *Mi* pequeña grabadora. La levantó para regresar la cinta y la hizo reproducir una grabación de la voz de Smiley para que él la escuchara.

"¡Sherry!" Smiley no cedía. "¡Ve a clase!" Intentó quitarle la grabadora, visiblemente molesto. Pero ella fue más rápida. Sin dejar de reír, se quitó de su alcance. Smiley se acercó más a la entrada, y en el momento en que Sherry alcanzó a verme, me alejé corriendo de la puerta, sin dejar de notar que Smiley también me había visto.

Sherry salió corriendo. Detrás de ella, la puerta cerró de golpe. Comencé a alejarme de prisa, escuché una puerta abrirse detrás de mí. Aceleré mi paso, hasta que de pronto escuché una voz a mis espaldas. Ni así desaceleré.

Sherry me alcanzó, muerta de la risa. Me tomó del brazo, y podría jurar que las mariposas en mi estómago se retorcían como gusanos. Miré hacia atrás y vi que ¡Smiley nos estaba siguiendo!

"¡Ahí viene! ¡Ahí viene Smiley!", apresuró Sherry imitando un susurro – a todo pulmón –, y colgada de mi brazo. Seguimos avanzando por el pasillo. Temía que nos fuera a llamar.

Ni siquiera podía pronunciar palabra; mi corazón latía desenfrenado dentro de mi pecho. ¿En qué problema nos había metido Sherry esta vez?

"Lo grabé. Lo tengo aquí en la grabadora", dijo feliz, y me dio un empujón a la derecha. Corrimos a la escalera y la subimos a toda prisa. Apenas y volteamos para ver si aún nos seguía. No había nadie allí. Corrimos hasta arriba, al pasillo del tercer piso, y nos detuvimos cerca de la entrada, junto a las ventanas que dan a la biblioteca del primer piso.

"¿Qué rayos fue todo eso?"

Por poco me dejé caer junto a la ventana. Podía ver claramente la biblioteca abajo.

"¿Todavía viene?", pregunté, asomándome a la escalera.

"No, no creo", rio Sherry. Se asomó también a la lúgubre escalera. "¿Viste eso? Nos estaba siguiendo".

Mi corazón seguía a todo lo que daba. "¿Qué hiciste para enfurecerlo así?" El pasillo estaba en total silencio.

Era el periodo de almuerzo y la mayoría de los estudiantes estaban o en clase o en el comedor. Éramos las únicas en el pasillo. De hecho, ni siquiera debíamos estar ahí durante nuestra hora de almuerzo. Ya habíamos hecho muchas cosas indebidas antes, eso no era nada nuevo.

"Nada, solo lo estaba grabando, y después se lo enseñé. Trató de quitármelo. Le dije que la grabadora era tuya".

"¿Qué? Ahora va a pensar que yo te hice que lo grabaras. Me vas a meter en problemas con Smiley", dije.

"Cálmate, no sabe nada. Además no va a hacer nada", dijo Sherry con calma.

"Pero salió a seguirnos. ¿No lo viste?"

"Sí, ya sé". Se reía, pero sonaba sorprendida. Me asustó un poco. ¿Estaba perdiendo control del hombre al que llamaba un amigo cercano, personal? Parecía bastante sorprendida con la reacción de él, parecía haberla puesto en un estado de éxtasis desquiciado.

"¿Y qué? Es solo Smiley. No te arrugues los calzones". Se rio. "Eso también le gusta decirlo, a Smiley".

¿Es que todo era una broma para ella?

"Mira no quiero tener problemas".

"No los tienes. Necesitas relajarte. No es la gran cosa. ¡Caray! Ten". Me estaba dando la grabadora, pero yo no sabía si tomarla o no. Hasta donde yo sabía, ahora era el instrumento de un crimen. La tomé con precaución.

"Puede ser que te la pida más tarde. Así que no te la lleves a casa, ¿está bien?"

Asentí, limpiándola como si de esa forma estuviera deshaciéndome de cualquier evidencia. "Seguro", murmuré. Mi corazón apenas estaba regularizando su ritmo. Mi frente aún estaba cubierta de sudor, la limpié con mi mano. Habíamos escapado por poco. Sherry me dio una palmada, y sonrió.

DIECISÉIS

El guardián

Era otro día y otro periodo de almuerzo, y la reja que separaba los grupos de almuerzo estaba en su lugar de nuevo. Yo estaba en el grupo B, y afortunadamente para mí, Sherry en el C, pero eso no significaba nada si eras alguien como Sherry. Yo no soportaba el hecho de que a veces ella me forzaba a quedarme cuando realmente yo tenía que regresar a mi clase. Yo no contaba con la ventaja que ella, y no quería tener problemas por llegar tarde. No era como si no tuviera que ir a mi aula, mis cosas estaban ahí. Debía ir, y cuando lo hiciera, ¿qué le diría al profesor? *"Oh, disculpe usted, olvidé que debía regresar a mi clase"*.

No, no inventen. Ni yo me lo creería. Era un pésimo pretexto. No todos los profesores eran unos 'grandes tarados', como a Sherry le gustaba afirmar. Y no estaba dispuesta a ir a la oficina de Smiley y pedirle un permiso, solo para ser humillada, porque eso es lo que ella quería, meterme ahí. Quién sabe para qué.

Ella tenía esa ventaja si se le hacía tarde. Entraba a la oficina de Smiley y salía con un permiso para su siguiente clase. En ocasiones pasaba toda la hora del almuerzo en su oficina. Lo sabía porque tan pronto como me negaba a quedarme más tiempo con ella, ella desaparecía e iba a su oficina.

"Como quieras, pórtate como una tarada. Voy a visitar a Smiley y le diré que no quisiste entrar a su oficina porque tienes miedo".

"Pero no le puedo pedir un permiso. No lo conozco". Yo siempre usaba la misma excusa.

"¡Es Smiley! ¿Cómo que no lo conoces? Él te conoce a ti. Caray. ¿Cuántas veces tengo que decírtelo? Además es un gran tarado, hace todo lo que le digo. Le diré que te dé un permiso. Confía en mí. Vamos, ¿alguna vez te he mentido?"

Yo ya había aprendido a no responder honestamente a esa pregunta. Me quede parada mirando la oficina y negándome a entrar en ella. De ninguna manera lo haría, no tenía razón para hacerlo.

Sherry frunció el ceño y se fue, dejándome sola. El timbre resonó en los pasillos.

"Estaré en la oficina de Smiley", dijo, abriendo la puerta. Se comportaba como si al vacilar me convencería de seguirla. No me moví un centímetro, y si acaso lo hiciera, sería en la dirección opuesta.

Escuché su voz desvanecerse cuando la puerta se cerró tras de ella. Caminé despacio a clase, volviendo la vista solo una vez. Si tan solo tuviera las agallas, pensé. Pero tal vez era mejor así.

Y ahí estaba yo de nuevo. Seguramente me pediría que me quedara, y de nuevo tendría que declinar la petición de mi amiga la gordita de negro con playera de los Pet Shop Boys.

La vi aproximarse por el pasillo. No debí sorprenderme, pero lo hice. Era temprano. El grupo B apenas iniciaba su almuerzo, y ella venía por el pasillo con una gran sonrisa en su rostro. Yo estaba medio oculta entre un grupo de new wavers cerca de las máquinas de Coca-Cola. Sherry no me vio; se detuvo frente a la oficina de subdirectores y entró. Nunca miró hacia el comedor. Había venido por él.

Sentí un poco de curiosidad. Claro que muchas veces entraba a la oficina sin antes buscarme, pero yo pensé que quizás esta vez sería diferente. ¿A quién quería engañar? ¿Acaso había olvidado la última vez que la vi entrar en la oficina de Smiley? Quizás esta vez tenía alguna noticia importante de qué hablar, algo que no fuera sobre Smiley... sí, claro.

No. Sherry simplemente no era así. De modo que me quedé ahí de pie, con una Coca-Cola en mi mano, temblando y machacándome la cabeza, preguntándome de qué estarían hablando. ¿De mí, otra vez? ¿O es que no sabía ella que esta era mi hora de almuerzo? Por supuesto que lo sabía. Tal vez solo había salido de su clase para hablar con él y tenía que regresar de prisa. Eso no tenía sentido, pero en realidad nada tenía sentido, con Sherry. ¿Verdad? Por otro lado, la última vez que había hablado con Smiley, habían salido juntos los dos.

Pasaron algunos minutos, yo me paseaba de arriba abajo por el pasillo, cerca del comedor. Cada vez que miraba en dirección a la oficina, me preguntaba si no habría salido ya sin que yo la viera. No cabía duda de que no era así, pero no podía evitar preguntármelo. Quería saber qué estaba pasando, qué se estaba diciendo en esa oficina. ¿Se hablaba de mí?

Dejé de pasearme, me estaban viendo como bicho raro. Decidí ir a comprarme una Coca-Cola. Así es, otra. ¿Ya les he dicho que era adicta a la Coca-Cola?

En el momento en que retiraba la bebida de la máquina, eché un vistazo a la oficina, y alcancé a ver a Sherry saliendo de ella. Se apresuró hacia el comedor, seguramente iría a buscarme. Caminé hacia ella, pero ella fue un poco más rápida. Antes de poder darle alcance, había entrado al comedor.

Me detuve en la entrada. Detestaba estar ahí de pie, sola, indefensa, mirando a una multitud que —estaba segura— me miraba de vuelta. No había rastro de Sherry. ¿Cómo había desaparecido tan rápido?

Entré un instante y de nuevo regresé al pasillo de la Coca-Cola. La vi, junto a la máquina.

"Sherry", dije, acercándome a ella. Estaba comprando una Coca-Cola en la máquina.

Apenas y me volteó a ver. Yo estaba segura de que me había estado buscando, y que pronto me reprendería por no haber estado donde se suponía que debía estar.

Tomó su Coca-Cola y comenzó a alejarse. Yo me apresuré a su lado, y noté que se dirigía de regreso a la oficina.

"¿Estás comprándole una Coca-Cola otra vez?", pregunté de pronto.

Sherry se detuvo y me volteó a ver. Echó arriba los ojos, después, asintió.

"¿Ahora eres su esclava, o qué?", pregunté. Smiley se había excedido.

"Entra conmigo", dijo Sherry. "Me pidió que lo ayudara con unos archivos. Puedes acompañarme".

"Mejor no. No quiero que me haga preguntas".

"Vamos. Será divertido. Me estoy aburriendo, otra vez está quejándose del Dr. Mc."

"No, de verdad no debería ir".

"Vamos", rogó ella.

"Solo dile que tienes que irte", le aconsejé.

Frunció el ceño. "No se la creería. Además, me pidió que te invitara a ayudar. Dijo que ya te quites lo miedosa y vayas. No te va a morder".

"No. Tal vez para la próxima".

"Está bien, como quieras, pero vamos a pedir pizza. Si no quieres venir, está bien. Nos toca más a nosotros, dice Smiley".

"No me gusta la pizza, gracias". ¿A quién quería engañar? A nadie no le gusta la pizza. Me encantaba, y en verdad quería ir, poro no podía. Simplemente no podía. No me gustaba todo ese montaje.

Sherry echó arriba los ojos y regresó a la oficina. Yo volví al comedor, a estar sola y preguntarme qué estarían haciendo dentro de esa oficina a la que nunca había entrado. ¿Cómo sería adentro? Lo podía imaginar.

Veía a Smiley en su escritorio y a Sherry volviendo a la oficina. *Smiley toma la Coca-Cola de su mano y la abre. Bebe un trago del líquido oscuro.* Le gustaba esa cosa, según Sherry. De hecho, la bebía un poco demasiado.

Smiley deja su bebida y el repartidor de pizza entra con un una pizza extra grande.

"¿Y dónde está tu amiga?" Pregunta Smiley, bebiendo otro sorbo de su Coca-Cola al tiempo que le da una propina al repartidor de pizza. El repartidor le da las gracias y se retira.

"No quiso venir. Tiene demasiado miedo", dice Sherry.

"¿Qué, no le dijiste que no la voy a morder?" Pregunta Smiley.

"Sí", responde Sherry.

"Ah, pues qué pena. Supongo que tendremos que comernos esta pizza los dos solos. Lo siento por ella".

Molesta, me tragué mi orgullo y di la vuelta. Miré la puerta de la oficina, apretando los dientes e imaginando cómo estarían disfrutando sin mí.

"Coca-Cola y pizza, ¿qué más podríamos querer?" Dice Smiley, riendo y dando un gran bocado. El queso se escurre por la comisura de su labio. Sonríe a una cámara invisible, como si me pudiera ver, asomada a la ventana de su diversión.

"Tu amiga no sabe de lo que se pierde", dice, con su boca rebosante de queso derretido.

"Seguro que no, Sr. CZ.", responde Sherry.

Suspiré y apreté los labios. Por mi vida, no era capaz de

dar un paso hacia esa puerta. Solo la veía, deseando poder hacerlo. Casi podía saborear esa pizza con Coca-Cola.

Derrotada, regresé a tropiezos. Miré dentro del comedor: no había nadie con quien hablar. Había elegido estar ahí, sola.

¿Por qué era tan cobarde? Volteé a ver la oficina. Más adelante, ya habían colocado la reja para mantener a los grupos dentro del comedor. Al no estar los subdirectores, eran necesarias. Eso era un zoológico.

Comencé a caminar hacia la escalera para desaparecer hasta que fuera hora de regresar a clase. En ese momento vi la puerta de la oficina abrirse y a Sherry salir de ella. Se dirigía de nuevo al comedor.

Otra Coca-Cola, pensé. Vaya, de verdad es un adicto. Justo en el momento en que ella me vio, vi a Smiley salir también. Se detuvo un momento a medio salir, y después salió de prisa. Casi pareció que había olvidado algo para después caer en cuenta de que en realidad no era así, todo estaba bien.

Sherry corrió y me tomó del brazo. Nos dirigimos al fondo del pasillo de la Coca-Cola. Smiley se apresuró, como si la estuviera persiguiendo, pero corrió en la dirección opuesta. Entró directamente al comedor, y le perdimos el rastro.

La risa de Sherry me volvió a la realidad.

"Pensé que iban a comer pizza, ¿qué pasó?" Sí, tenía algo de envidia.

"Es un mentiroso. Solo me puso a trabajar. Le estuve recordando todo el tiempo, y solo se reía y me decía que la iba a pedir, pero que como no quisiste entrar, ya no lo iba a hacer. Supongo que la gran idea era hacer que entraras a verlo, y como no entraste, ya no quiso pedir la pizza".

Me quedé boquiabierta, y la miré como si le salieran langostas de la cabeza. O estaba exagerando, o en verdad Smiley había dicho eso. No había manera de saberlo.

"¿Qué? ¿Estás bromeando?" ¿Se trataba de mí?

"No, es lo que dijo. Dijo 'y agradécele a tu amiga. Yo iba a comprar una pizza para las dos, pero como ella no quiso venir, ya no la voy a comprar'. Dijo que sin ti sería un desperdicio".

"¿Qué? ¡Por favor!", murmuré, sonriendo. ¿En verdad era yo tan importante? ¿Había sacudido la tierra entera sin saberlo? ¿Se había vuelto realidad mi sueño? Si tan solo así fuera. Era mi sueño ser el centro de atención por una vez en mi vida. ¿Qué costo tendría eso para mí, al final?

"No, es verdad. Me enojé, y me salí de la oficina cuando estaba hablando con la señorita Wallace".

"¿Dijo algo más?"

"No, estaba demasiado ocupado hablando con VZ por el radio".

"¿VZ? No lo he visto en todo el día", dije yo.

"Está en el comedor".

Me asomé. Ahí estaba. ¿Cómo pude no haberlo visto?

"Smiley le dijo que viniera y te vigilara, porque se enojó cuando no quisiste comer pizza con nosotros. Dijo que la próxima vez la va a preparar él mismo si tú quieres. Es italiano, hace la mejor pizza del mundo".

"Dios me libre". Eché arriba los ojos.

"Es lo que dijo", insistió Sherry. No reía, ni siquiera sonreía; estaba genuinamente molesta. ¿En verdad había sucedido lo que ella afirmaba?

"Todavía no puedo creer que no haya visto a VZ", me quejé, mirando su espigada figura en el interior del comedor. A su lado estaba ya Smiley, hablando con él. Smiley ciertamente se veía agitado.

"Bueno, es que Smiley le dijo que no dejara que lo vieras".

Era la cosa más rara. ¿Cómo era que no había visto a VZ? No lo entendía. ¿Así de hábiles eran, los Thomases? ¿Me enfrentaba a una nueva cepa?

Intenté olvidarlo todo. Quería creer que, en efecto, había provocado el enojo de Smiley, pero simplemente, no podía. Era demasiado extraño como para creerlo, demasiado raro para aceptarlo. Nada me pasaba a mí, nunca, todo siempre le pasaba a alguien más.

Nos quedamos ahí de pie bebiendo nuestras Coca-Colas. Sherry no había dejado de hablar de cómo Smiley se quejaba de JC y del resto del personal, incluyendo al Dr. Mc, nuestro director escolar. Smiley había salido del comedor y recorrido el pasillo principal. Estaba de pie junto a la reja, dirigiendo el tráfico. Bueno, ¿nos estaba vigilando, o solo hacía su trabajo? Cabía preguntármelo.

Miró en nuestra dirección. Una vez más, con esa actitud de fingida distracción, como si no estuviéramos ahí. ¡Por favor! Ya hemos pasado por esto, pensé. Lo hacía bien, tal vez demasiado bien. Comencé a preguntarme si no era realmente una nueva generación de Thomas. ¿Cómo sería para mí la derrota?

Sherry lo vio. De hecho, no sé quién de las dos lo vio primero. Como siempre, sonreía. Por eso era *Smiley*.

"Siempre sonríe ¿verdad?", dije en voz alta mientras bebía. "Por eso es que lo llamamos 'Smiley'".

Sherry rompió a reír y me tomó del brazo. ¿Ya he dicho que a veces me gusta hacer bromas?

"Vamos a hablar con él", insistió Sherry. "Ven".

Al principio, no quise moverme. Me sorprendí a mí misma comenzando a andar. Aunque en realidad, no tenía opción ¿o sí? Si sonaba el timbre, estaría atrapada. Tenía que pasar por donde estaba ese hombre. Fácilmente podía haber tomado otra ruta, pero no estando con Sherry.

"Vamos". Sherry debió sorprenderse de que yo estuviera respondiendo, pero no mostró señal de hacerlo. La presencia de Smiley siempre la consumía por completo, y ninguna otra cosa le importaba.

Nos acercamos, pero Smiley apenas y nos prestó atención. Sonreía, pero a nadie en particular. Siempre hacía eso. Como si tuviera un secreto que solamente él supiera.

"Ey, señor CZ, ¿qué hace por acá?", preguntó Sherry con una confianza que yo solo podía soñar en poseer.

"Hola, Sherry", dijo Smiley tras unos segundos, e incluso la volteó a ver. A mí me prestó muy poca atención, comparada con lo que haría con cualquier otro estudiante.

"¿Montando guardia?", preguntó Sherry en tono de juego. Siempre echando gasolina al fuego, así era ella.

Smiley no respondió, solo sonrió con esa mirada de sabelotodo suya. Era un poco perturbador. Solo esperaba las cosas no explotaran, o que Sherry no dijera nada para avergonzarme. Perdería el control.

"¿Qué, está vigilando el paso?", agregó ella entre risas.

Smiley la ignoró y apartó la vista, pero pude notar que estaba muy presente. No nos estaba ignorando tanto como nos estaba tolerando.

"Sí, soy el guardián de la puerta", fue su repentina y bien meditada respuesta.

Vaya, es bueno, pensé yo.

¿Había pensado en eso él mismo? Me reí un poco, tal vez un poco muy fuerte. Deseé que no me hubiera visto, temía que lo pudiera interpretar como que me reía de él.

"Entonces podemos pasar, guardián?", respondió Sherry, sagaz, riendo. Me lanzó una mirada furtiva. Yo la animaba, en secreto.

"No", dijo Smiley, "necesitan una llave". En seguida me volteó a ver. ¿Intentaba retarnos? ¿Retarme a mí? En ese momento recordé el temor en los ojos del Sr. Thomas. ¿Era así lo que había sentido entonces contra nosotras cuando recorrimos el pasillo hacia él? ¿Había temblado, o sentido otra cosa además de pavor?

"Vamos, déjenos pasar, señor CZ, mi amiga tiene que ir a clase".

"No, Sherry, vayan por el otro lado".

¿Por qué retar a una idiota? Me pregunté. Solo lograría que Sherry lo hiciera ver como tonto. Tal vez no eran un plan dirigido a ella sino a mí, tal vez quería que *yo* me viera mal.

"Pero por aquí es más rápido llegar a su clase, señor CZ". ¿En verdad lo era, o lo dijo solo para confrontar al hombre, ganarle en su propio terreno?

Yo no quería discutir con él, con gusto hubiera tomado el camino largo. Pero Sherry no quiso ceder, y se abrió camino rodeándolo. Logró pasar apretujándose a su lado, muerta de la risa. Cuando Smiley intentó detenerla, se veía ridículo. Ni siquiera lo intentó en verdad, si acaso lo hizo solo un poco, sin esforzarse casi nada.

Ahora era mi turno, y él parecía saberlo. No era la forma en que me miraba, porque no me miraba. Era la forma en que se quedó ahí de pie, como si yo fuera invisible, como si no fuera a detenerme si yo intentaba desobedecer, pero tampoco me lo iba a poner fácil.

Di un paso adelante para intentar pasar. Sentía curiosidad de ver si me iba a detener, y al mismo tiempo me daba miedo que lo hiciera. Si lo hacía, ¿cómo lo haría? Yo estaba haciendo algo estúpido, pero no iba a dejar que un Thomas me venciera. Recordé el terror y confusión en los ojos del señor Thomas, y quise verlos de nuevo. Quería ver si eso era posible en los ojos de Smiley. Ningún Thomas me iba a hacer quedar como tonta. Ningún adulto era más listo que yo. Yo sabía sus planes. Si alguien iba a quedar como tonto, serían ellos. Como dije, no sabían con quién se metían.

"Señor CZ, por favor deje a mi amiga pasar. Por favor", rogó Sherry mientras yo me ponía en posición. Smiley se movió lentamente a un costado. No había mucho espacio para que alguien, aún alguien tan menudo como yo, pasara por ahí sin quedar cara a cara con Smiley y su sonrisa malévola. Y eso exactamente es lo que sucedió.

Smiley se hizo a un lado, pegando su cuerpo a la pared. Yo me apretujé en el hueco entre él y la reja. Me sonrió. Una sonrisa que nunca se borró de mi mente.

Traté de evitar el contacto. Estaba temblando y giré mi cabeza a un lado para evitar su mirada y su aliento. ¡Qué hombre tan perverso! Sí era una nueva cepa, yo no tenía control sobre este nuevo enemigo.

A tropezones alcancé a Sherry, quien sugirió que nos alejáramos de prisa. Parecía haber un grito de batalla en los ojos de Smiley, y ella podía detectar eso mejor que nadie. Cuando volví la vista, me miró, y después se volteó, como si con ese breve contacto hubiésemos sido amantes. Me sentí físicamente ultrajada.

El muñeco de Bart

El año estaba por concluir, y una nueva semana comenzaba. Seguramente había habido un *pep rally*[1] o algo parecido. Había estudiantes caminado por ahí con bolsas de regalo y ositos de peluche. No era San Valentín, ¿o sí? En seguida noté que las paredes estaban tapizadas de panfletos de la escuela, algo para que los estudiantes se involucraran. ¿Era Día de la Amistad? En realidad no me importaba ni me interesaba mucho. Para mí, era solo una forma más de que los demás supieran que tenías amigos, o que no los tenías. Eventos como este me resultaban difíciles, porque era muy poco probable que mis padres compraran algo para mí – mucho menos para alguien más.

Sherry llegó directamente a conmigo. Sin entender del todo lo sucedía, sonreí y comencé a caminar con ella. Aunque estaba confundida por lo que pasaba a mi alrededor. ¿Qué me importaban a mí los días festivos o eventos sociales? Normalmente evitaba ese tipo de cosas. Sin embargo, debí haberlo visto venir. Después de todo era un evento que yo no podía detener y mucho menos prevenir. Siempre sentí que tenía cierto control sobre las cosas.

Noté que Sherry sostenía en sus manos un muñeco de Bart. Lo arrojaba al aire y volteaba a su alrededor como esperando algo. Sí: dije un muñeco de Bart. Era de tamaño de una mano. Lo arrojó al aire, lo atrapó, y me lo arrojó a mí. Rápidamente, lo atrapé, pero en seguida me lo arrebató.

"Mira, es Bart", dijo entre risas. Otra vez miraba a su alrededor, ¿qué rayos buscaba? Acercó el muñeco a centímetros de mi cara.

"¡Mira, es Bart! Se lo mostré a Smiley y le dio risa".

Ah, bueno, pensé yo mientras ella de nuevo arrojaba el juguete al aire. ¿Qué le pasaba? Estaba más rara de lo normal.

Otras chicas nos pasaron, riendo entre ellas, llevando bolsas de regalo y tarjetas. Algunas llevaban globos y flores.

Y con cada persona que pasaba cerca, Sherry se ponía más y más rara, arrojando el muñeco e incluso dejándolo caer el suelo dos veces. Parecía molesta.

"Y bueno", dijo finalmente. "¿Te dieron algo?"

No estaba segura de a qué se refería. Yo tenía esa expresión de no entender nada. Cuando la vio, inmediatamente frunció el ceño.

"¿Olvidaste qué día es hoy?", soltó con un gesto de molestia. Yo seguía con cara de 'no entiendo'. Es algo que hago mucho. A veces es inevitable, pero no siempre significa que no sé lo que pasa. Tal vez solo me gusta hacerme la tonta. ¿Quién sabe?

"¡Bueno, como quieras!", exclamó Sherry.

En verdad no sabía de qué hablaba. ¿Tal vez era su cumpleaños?

Me miró atenta, y cayó en cuenta de que yo era una tarada. "¿Te lo tengo que recordar? Espera a que le platique a Smiley. ¡No puedo creer que lo olvidaras!", me reprendió.

"¿Qué?", pregunté, creyendo que era otra de sus bromas.

"No me lo va a creer, Smiley". Agitó el muñeco frente a mis ojos, y frunció el ceño.

"¿Olvidé tu cumpleaños?", pregunté, pero sabía que no era así. No lograba descifrar qué día era.

Frunció el ceño. "No, tarada. Olvídalo, te veo más tarde. A ver si te acuerdas después de tu clase". Se retiró de pronto, sin decir nada más, balanceando el muñeco de Bart.

¿Qué hice ahora? Me pregunté. Nada me vino a la mente. No podía sacarme de la cabeza que algo se me había pasado de largo. Noté que todo el mundo a mi alrededor llevaba claveles y globos ¿Es que hoy se festejaba algo especial? Si así era ¿qué?

Al salir de clase vi a Tanis en el pasillo. Llevaba una camisa de manga larga con estampado colorido, abierta, y una playera azul debajo. Era una persona solitaria sin sentido del estilo, un poco como yo. En lugar de zapatos elegantes llevaba tenis. Muchas veces me pregunté si el motivo de que nos distanciáramos había sido la diferencia en lo que cada una buscaba. Yo quería ser aceptada, quería encajar. Al parecer ella no le interesaba nada de eso. No le interesaba el maquillaje, no se molestaba en hacerle nada a su cabello, aunque lo que tenía era una maraña de apretados rizos esponjados. No había mucho que pudiera hacer con él, así que en general solo lo mantenía corto y esponjado.

Caminé a su lado, aunque se dirigía a una dirección que no era la mía. Tanis, quien había recorrido los pasillos de la Secundaria Deady conmigo, cuando acosábamos al señor Thomas, cuando el juego había comenzado. Ocasionalmente, cuando la veía o nos encontrábamos en la escuela, nos limitábamos a saludarnos, pero no platicábamos mucho. No como antes. Yo no entendía el por qué. Cuando empezamos la preparatoria nos habíamos distanciado. No había sido intencional, nuestras clases eran diferentes.

Vio que no estaba Sherry. Era notorio que se estaba preguntando en dónde estaría. "¿Dónde está el monstruo?", preguntó.

"Ja, ja. No lo sé, está enojada conmigo", murmuré.

"Mm. ¿Pues qué hiciste?", me interrogó con sarcasmo.

Yo me reí, porque sabía que solo bromeaba. En las pocas ocasiones en que platicábamos, yo le hablaba de Sherry y las cosas extrañas que hacía. De modo que la conducta errática de Sherry no le era nueva. Y siempre preguntaba lo mismo: "¿Por qué le aguantas tanto?"

"No sé", respondía yo. Pero para ser honesta, sobre todo era porque estaba aburrida. Supongo que el aburrimiento me había empujado a esa amistad. Tras pensarlo un poco, le respondía sencilla y honestamente: aburrimiento.

"En verdad está muy rara", continué mientras caminábamos, "más que lo normal."

"¿Por qué te sorprende eso?", respondió Tanis, y agregó: "¿Más rara que tú? ¡Eso es extraño!"

"Sí, ¿puedes creerlo?", dije con una sonrisa.

"Bueno, ¿hablaste con ella? Averigua qué le pasa". No era sorprendente que a Tanis le importara. Siempre fue una persona de buen corazón. Me preocupaba que no pasábamos tanto tiempo juntas como antes. Pero por otro lado, ya no teníamos a Deady, tampoco. En realidad, no. Yo siempre fui solitaria. Por mucho que diga que quería amigos, en realidad no los quería.

"No es tan fácil como piensas", le dije a Tanis. Solo entonces caí en cuenta de lo fácil que era hablar con ella. Tanis podía ser seria, y ser divertida cuando la ocasión lo ameritaba. Sherry era solo Sherry, solo tenía una dimensión. Siempre todo giraba en torno a ella, a ella y a lo que pasaba con Smiley.

"No sé. Creo que puede estar enojada porque no le traje nada, o yo qué sé. Tenía un muñeco de Bart y se la pasó arrojándolo al aire, como si tratara de decirme algo. ¿Espera que le regale algo? Pues yo no veo mi regalo por ningún lado". Resoplé. "Ni siquiera sé qué se celebra hoy".

"Bueno, hay gente así", respondió Tanis. Estaba en lo

correcto, me di cuenta de que Sherry era una niñita comparada con ella. "Habla con ella. Y si sigue con la misma actitud, entonces no es realmente tu amiga", me aconsejó.

Sonreí. Realmente sabía cómo dar perspectiva a las cosas. "Es verdad".

No me agradó aceptar que Tanis tenía razón. De todos los motivos posibles, quería creer que el motivo por el que no nos frecuentábamos era porque la amistad con Sherry me había alejado de ella. La fantasía, las aventuras, eran más cosa mía que de Tanis. Ella estaba más ocupada con las actividades escolares, y tenía menos distracciones. Tal vez. Yo quería creer que era así, pero una parte de mí tenía que admitir que era sobre todo culpa mía. Había dejado de escribir y de comunicarme. Aunque hablábamos más a través de notas y proyectos personales de escritura que frente a frente.

"Supongo que puedo hacer eso. Pero es difícil hablar con ella", admití.

"No sé por qué le aguantas tanto", dijo Tanis. Ahí lo tenía. "Lo siento, no quise decir eso". Sonrió. "Sé que es tu amiga, así que no diré más nada malo de ella".

"No sé, es rara", fue todo lo que atiné a decir, tras unos instantes de silencio. Supongo que debí haberla defendido, o algo. No lo hice.

Nos aproximábamos a la división del pasillo. Era momento de una vez más ir por caminos separados. ¿Quién sabe cuándo la vería de nuevo, o hablaría con ella siquiera?

"¿Y por qué ya no me escribes?", me obligué a preguntar.

"Sí te escribo", respondió ella, "pero estás demasiado ocupada con tu mejor amiga para responderme".

¡Eso dolió!

"No es mi mejor amiga", dije, bajando la vista. Pero Tanis tenía razón. Estaba demasiado ocupada para recordar siquiera a mis verdaderas amigas. Lo peor era que lo sabía.

"Es solo una amiga", insistí. "Ni siquiera se porta como

amiga. Se la pasa diciendo mentiras. Ya no sé qué creer con ella".

"Parece que aquí está pasando algo. ¿Qué mentiras?", preguntó Tanis, haciendo un alto mientras otros estudiantes caminaban a nuestro alrededor.

"Es demasiado", confesé. Sus ojos se iluminaron. Tenía esa mirada, me hizo recordar los tiempos en que nos juntábamos y platicábamos. Tanis quería saber más.

"Muy bien, dime", dijo. Miré a mi alrededor, como si fuera a descubrir a Sherry aproximarse por el pasillo.

Tanis miró alrededor, igual que hacíamos cuando estábamos en Deady. De hecho, se sentía como en los viejos tiempos.

"Dime", exigió, pero no era como Sherry. Yo sonreí, cayendo en cuenta que era igual que en Deady.

"¿Hay alguna misión importante?", preguntó. En ese momento supe que añoraba nuestras viejas aventuras. La Tanis que yo conocí ansiaba ir a la caza.

"Hay mucho qué contarte, Tanis. No lo creerías. Pero tengo que contarle a alguien. Y tú siempre has sido mi mejor amiga, en realidad".

"Entonces, cuéntame", insistió Tanis.

"¿Aquí?", pregunté, mirando alrededor con temor a ser descubierta revelando secretos.

"Por qué no?", respondió ella. "¿Tienes miedo a que Sherry nos oiga? ¡Que venga!"

Me reí. ¡Ah, mi buena amiga Tanis! Le importaba un pepino si Sherry nos descubría.

"Además, yo fui tu amiga primero", declaró.

Me reí. "¡Cierto!"

"¡Nosotras inventamos ese juego!", exclamó.

Y las dos reímos y caminamos juntas, como viejas amigas que se reencuentran. Fue en ese momento de alegría que vi a Sherry aproximándose por el pasillo. Cuando me vio junto a Tanis, no dijo palabra. Aún llevaba en sus manos ese muñeco de Bart, y no había duda de que me había visto, pero siguió caminando como si no fuera así. Nunca le había agradado Tanis. Ella no lo iba a admitir, pero fue más que claro cuando comenzó a añadir las palabras *mejor amiga* en todas las notas que me escribía. Muchas veces me pregunté si habría visto una de las viejas cartas de Tanis, porque Tanis tenía el hábito de escribir *mejor, mejor amiga* en sus notas, o *mi única mejor amiga*.

Sherry siguió andando sin siquiera voltear a vernos. Tanis soltó una carcajada que, estoy segura, Sherry oyó.

"Creo que tu mejor amiga tiene celos", se burló Tanis.

"No sé por qué", dije yo. "¿Qué, no puedo hablar con nadie más?"

"Espero que no esté enojada. Sé que me odia".

"Claro que no", traté de decir. No engañaba a nadie.

"¡Por favor! Es bastante obvio. Siempre me lanza miradas de muerte".

"¿Eso hace?", arrugué mi nariz.

"Sí, ahora me lanzó una cuando pasó por acá, como si yo te hubiera robado o algo. Es demasiado sensible", dijo Tanis. Yo lo estaba disfrutando mucho. Nunca había sido tan importante para alguien, o el centro de una cosa como esta.

"¿Sabes? Apuesto a que creyó que nos reíamos de ella", de pronto pensé en voz alta.

"Sí, ¡qué gracioso!", exclamó Tanis. Le fruncí el ceño.

"¿Qué?" Sonrió inocentemente. "No lo pude evitar", agregó entre risas.

"Lo sé, pero va a armar un drama tremendo de esto. Ya lo puedo ver".

"Como sea, tú y yo tenemos que hablar", sentenció ella.

"Lo sé", dije yo. "¿Recuerdas a los Thomases?", pregunté con una ligera sonrisa.

"¿Cómo iba a olvidarlo?", rio ella. "Bueno, debo irme, pero escríbeme, o te voy a estar cazando y le diré a tu mejor amiga que nos burlamos de ella".

"¡No te atrevas!", dije, riendo también. Era cierto, nos estábamos riendo bastante a costillas de Sherry.

"Buen, escríbeme. Estaré esperando una nota tuya. Y no omitas nada", ordenó Tanis, alejándose.

"No lo haré", prometí mientras se iba. Volví en la dirección por la que habíamos venido, y me apresuré a llegar a mi clase.

DIECIOCHO

Revelaciones

Durante mi clase, escribí y escribí. Tenía poco que hacer, y el profesor nos había dado un periodo libre para sentarnos a esperar a que sonara el timbre. De modo que escribí. Le narré a Tanis las aventuras con Smiley. Le conté de Gaby y de Fabián. Incluso le conté de las notas de Sherry, y de cuán grandes eran los Thomases, también para Sherry. Le escribí acerca de todo, hasta el último detalle. Escribí sobre cómo Smiley me vigilaba, y cómo nos había acechado por detrás en el comedor. Hasta la última palabra, hasta el más mínimo detalle. No podía creer que había escrito tanto. Al terminar la clase, corrí por el pasillo esquivando estudiantes hasta llegar al locker de Tanis. Ahí estaba ella sacando sus libros para su siguiente clase.

Tan pronto me vio, supo que tenía su nota. Me sonrió cuando se la entregué.

"No omitiste nada, ¿verdad?", preguntó sonriendo. Me sentí como si fuéramos espías o algo así.

"Por supuesto que no", dije.

Caminamos juntas por un momento, hasta que alcancé a ver a Sherry. Tanis la vio antes, estaba al final del pasillo.

"Creo que tu amiga quiere hablar contigo. Te veré más

tarde, y voy a escribir una nota para ti". Yo no quería irme, pero sabía que era lo mejor. "No puedo esperar a leerla", añadió.

"¡Espera!", la llamé, pero ya se estaba alejando.

"Mejor me voy antes de que devore viva", dijo, y se fue corriendo.

Sherry se acercó con actitud desafiante. Por supuesto, lo hizo cuando Tanis ya se había ido.

"Te he estado buscando. Se supone que debías esperarme, pero en lugar de eso estabas halando con ella. Pensé que éramos amigas", acusó.

Bueno, sí esperaba esto, pero la cosa se ponía más extraña. No supe qué decir. Para mí esto era nuevo. Otra vez arrojó al aire al muñeco de Bart. Había tantas cosas que quería decirle, de pronto. No estoy segura de por qué en ese momento logré tener algo de valor. Quería decirle que se estaba portando como una verdadera perra… pero claro que me contuve.

Continuó con su abuso. Era vergonzoso, pero yo tenía que guardar la calma. ¿Tenía acaso ese derecho? Seguía con mis dudas. Quería creer que estaba equivocada acerca de todo, incluso su conducta. Ya me había equivocado antes.

"Y bien ¿somos o no somos amigas?", rugió (y lo digo en serio: literalmente rugió).

"Claro que somos".

"Pues no te estás portando como amiga", soltó Sherry.

"¡Sabes que mis padres piensan que eres una mala influencia!", reviré de pronto, frustrada. No era necesario, pero algo tenía que decir para defenderme. Era verdad. Aunque no sabían lo idiota que en realidad era, fue cuando descubrieron que Gaby y Fabián eran parientes de Smiley y me llamaban por teléfono, que empezaron a abrir los ojos. Llegaron al punto en que querían que ya no interaccionara con ella en absoluto, pero no sabían lo que yo sobre el secreto de Sherry.

"Bueno, pues mis padres dicen lo mismo de ti todo el

tiempo, pero ¿sabes qué les digo? Que eres mi amiga y no voy a dejar de ser tu amiga solo porque ellos dicen".

Un momento… ¿qué? ¿Sus padres pensaban que la mala influencia era yo? ¿Por qué, cómo?

"No me importa lo que piensen. Hasta Smiley dijo eso, pero no me importa lo que diga la gente".

En serio, ¿por qué me estaba haciendo de esa mala reputación? A mí me habían arrastrado a todo esto. La miré confundida, con expresión estúpida. Ella lo notó.

"¿Smiley dijo eso?"

Eché arriba los ojos. Claro, seguramente debido a todo lo que ella le decía sobre mí todo el tiempo, nada de lo cual era verdad.

"¿No me crees? Lo dice todo el tiempo, pero no le hago caso. Y tú en cambio estás paseando por ahí con tus amigas, riéndote de mí e ignorándome en el pasillo. Sabes que fui yo quien te presentó con varias personas. Eras una nada hasta que yo llegué a tu vida".

Me quedé sin habla. ¿Me presentó? Arrugué la nariz. ¿Había algo de cierto en eso? Extrañamente, me sentí culpable por ser tan mala amiga.

"No te ignoré", traté de defenderme. "Te vi, pero tú seguiste de largo".

"Bueno, no quería interrumpirlas a ti y a tu amiguita. Smiley piensa que yo ya no debería ser tu amiga. Me lo dijo, de hecho".

¿En serio?

"Lo siento, ¿está bien? Lo siento". ¿Por qué me portaba tan pusilánime? ¿Qué rayos le pasaba? Una vez más, las dudas me daban vueltas.

"Pues no sé si debo perdonarte. Porque estás portándote como si no supieras qué día es hoy. Te sigues portando como una gran tarada. Pero supongo que te puedo dar una oportunidad. Aunque solo si dejas de portarte como una gran tarada". Arrojó de nuevo el muñeco de Bart. El juguete amarillo cayó en el piso entre nuestros pies. Lo levantó y sonrió como si nada hubiera pasado. ¿Había yo entrado en una dimensión paralela? ¿Por qué no me plantaba y me defendía?

"Se lo mostré a Smiley y le dio risa. Trató de quitármelo, pero le dije que consiguiera uno él mismo". Se rio.

Recorrimos juntas el pasillo, cada una yendo a su clase, y Sherry desapareció en un aula junto con su muñeco de Bart. Me apresuré a buscar en mi locker la nota secreta de Tanis, sintiéndome asqueada y resentida por lo que había dicho Sherry. Sentía vergüenza por no haberla confrontado, no tenía las pruebas que necesitaba. ¿Podía acaso negar el hecho de que Sherry era una idiota que no sabía hacer otra cosa y siempre quería salirse con la suya? Era como Smiley: quería controlarlo todo. Ansiaba hacerlo. Lo terrible del caso era que yo se lo permitía.

Quería confrontarla respecto a todas las cosas que me había revelado; pero sin tener confirmación y con mi propia negación continua, no podía hacerlo. Se había excedido demasiadas veces ya. Yo quería que entendiera que yo no era su títere, pero sin destruir ese mundo al que había aprendido a querer. Y eso iba a ser difícil. Era una cosa o la otra.

Entré a mi clase con la nota de Tanis en mi mano. No pude terminar de leerla, porque antes de hacerlo ya estaba escribiendo para responder a todas sus preguntas y comentarios. Me reí un poco mientras leía y escribía, la imaginé pronunciando las mismas frases que veía dibujadas en tinta sobre las páginas que tenía en mis manos.

Es una mentirosa. Decía una frase; *el Sr. CZ es casado. Yo he visto fotos en su oficina. Tiene dos hijos.* Esa fue la frase que me pegó un poco. Pero ya sabía que tenía hijos, de modo que continué leyendo – Gaby y Rubén, ¿cierto? *Lleva 10 años casado, pero no con una profesora.* Así continuaron sus respuestas.

Me detuve por un momento, tal vez desde el principio sabía que el cuento era falso. O, quizás Sherry no era la única mentirosa en todo esto.

Ni siquiera habla con él como ella dice, la mayoría de las veces cuando la veo, no está hablando con él, solo está con su secretaria para que le dé alguna nota.

Pero los he visto juntos, escribí yo.

La nota de Tanis continuaba: *Es probable que sí hable con él, pero no son los amigos cercanos que te ha hecho creer.* Bueno, había cosas que no tenían sentido, pero ver para creer, ¿cierto?

Al terminar la clase, doblé la nota. Sentía que había descubierto una verdad horrible, algo que debí haber sabido. Y lo sabía, pero estaba en modo negación. Como dije: Sherry no era la única mentirosa. Pero ¿a quién le mentía yo?

"¿Por qué inventa esos cuentos?" pregunté. ¿Por qué mentirme a mí? Posiblemente yo conocía la respuesta y no me importaba. Posiblemente nunca me había importado. ¿No era eso parte del juego?

"Eso tienes que preguntárselo", respondió Tanis. "Tal vez ha sido ella el enemigo todo este tiempo. Necesitas llegar al fondo de este asunto".

Tenía razón.

Al día siguiente cuando llegué a la escuela, llevaba en la mano la nota de Tanis. Estaba como en trance, había logrado convencer a mis padres para que me compraran un regalo que pudiera traer a la escuela. Lo llevaba en una bolsa de regalo. Sí, era una idiota. No quería que nadie lo viera. No quería que nadie hiciera preguntas. No sabían lo que estaba planeando. De hecho, ni yo misma lo sabía. Me moría de ganas de hablar con Tanis, de decirle que iba a confrontar a Sherry por todas sus mentiras de una vez por todas. En cuanto sonó el timbre para la hora de aula base, traté de apresurarme para evitar a los demás estudiantes, o peor, a Sherry.

Antes de que pudiera darme cuenta, apareció Sherry por el pasillo con su horroroso muñeco de nuevo. Quise dar la vuelta y subir las escaleras hacia el locker de Tanis, pero Sherry ya me había visto. Había cierto brillo en sus ojos. *¡Oh, no!*, pensé, mientras el muñeco de Bart caía en sus manos. El juguete amarillo lucía bastante golpeado, sucio en los puntos en que había caído al suelo tantas veces, con líneas y vetas visibles en todo su amarillento cuerpo. Pobre cosa, pero tuve el presentimiento de que muy pronto seríamos amigos muy cercanos.

Sherry corrió hacia mí. Yo tenía la bolsa en mis manos, no había forma de ocultarla, o de fingir que no era nada. La había visto, sus ojos brillaban, estaba expectante.

Tan pronto me alcanzó, me desmoroné. Era pésima para esto.

"Ten, Sherry. No lo olvidé, como pensabas". Le di la bolsa de regalo. *¡Pedazo de cobarde!*, me gritaba a mí misma. Ese regalo nunca había sido para ella. Y yo lo sabía, pero no tenía otra cosa para dar. Era una perdedora.

Sherry brincaba de gusto, lo tomó, casi dejando caer al pobre Bart. Mismo al que de pronto me puso en las manos.

"¿De ti para mí?", preguntó feliz tomando la bolsa en sus ambiciosas manos.

Se puso aun más feliz cuando vio lo que contenía la bolsa. Era un muñeco grande de payaso que reproducía música y danzaba moviendo sus manos hacia arriba y hacia abajo. Le gustó tanto que de inmediato quiso presumirlo.

"Espero que te guste el Bart", dijo con una sonrisa.

¿Bromeaba?

No: no bromeaba. Lo decía en serio. La cara se me caía de vergüenza, y como siempre, me dejé.

"Pensé que no me ibas a dar nada, por eso no estaba segura de darte a Bart", admitió.

Ah, ya veo, quise decir.

"Pero espero que te guste Bart", añadió. "Es tu regalo". Procedió a examinar su payaso, sin dejar de soltar risillas. Yo quería arrojarle ese muñeco con furia. La cosa estaba hecha de plástico duro. Le dejaría un moretón.

Apenas y esbocé una sonrisa, mirando al Bart como si nos hubieran jugado una mala pasada a ambos. Bart sonrió de vuelta, era lo único que podía hacer. Con este muñeco no había gracias, música, ni divertidas frases de película. Era tan solo un muñeco de plástico sucio, manchado, pequeño, y amarillo, con una sonrisa pintada en su rostro.

"Se lo voy a mostrar a Smiley". Y se fue a la oficina de Smiley, que por alguna razón no se encontraba muy lejos de nosotras.

Mi aula base estaba a la vuelta. Después de verla desaparecer, no quise quedarme ahí. Me alejé caminando, con la compañía de Bart. En realidad, quería arrojárselo a ella, pero no lo hice. Me limité a echar arriba los ojos y retirarme.

Un poco después, me encontré a Tanis. Cuando vio el muñeco de Bart, lo tomó de mis manos, con una sonrisa de oreja a oreja.

"¿Esto es lo que te dio?", preguntó.

Asentí, recargando mi espalda en su locker.

"¿Y tú qué le diste?"

"Un payaso musical, grande", respondí. No quise decirle que en realidad, había sido un regalo para ella.

"¿Y *esto* es todo lo que ella te dio?", preguntó, arqueando una ceja con incredulidad. Sí. Yo misma apenas y lo podía creer.

"Así es", respondí con un resoplido.

"¿No lo ha estado paseando por todas partes desde ayer, arrojándolo como cualquier cosa?", preguntó Tanis.

"Sí, la vi", balbuceé. Me sentía terrible por no ser capaz de decir las cosas. Ya había resuelto hacerlo, pero no lo hice. ¿Qué me impedía confrontarla respecto a todas sus mentiras? Ya no me divertía, la situación se estaba poniendo verdaderamente incómoda. Me parecía que ella realmente se creía esa fantasía que había creado para las dos.

"¿Y *ella* es tu mejor amiga?", cuestionó Tanos, con la misma expresión en su rostro.

"No es mi mejor amiga", gruñí. No lo era – no después de esto. Nunca.

"Solo me gusta jugar contigo", dijo Tanis al percibir que me estaba afectando. No era así; yo estaba enojada conmigo misma. "¿Y qué vas a hacer, vas a hablar con ella? Reconoce que te mintió".

'Me mintió' se quedaba corto. Por kilómetros.

"Sí, solo que no sé cómo sacar el tema. Este muñeco de Bart es como una patada en el estómago. No puedo creer que le aguanto esto", murmuré, tomándolo de las manos de Tanis para examinarlo. "No puedo creer que esto es lo que ella piensa de mí".

Quise arrojar el muñeco, pero Tanis me lo quitó antes de que lo hiciera. "No es culpa de Bart", dijo, cómicamente.

"Ja, ja", dije yo. Pero, a decir verdad, quería azotar el muñeco y arrojarlo en el basurero al final del pasillo. Tan solo verlo era un recordatorio constante de la traición de Sherry.

"Si no lo quieres, ¿me lo puedes dar a mí?", preguntó Tanis con tono inocente.

¿Y por qué no? Yo no lo quería. Pensé en aceptar, pero sabía que si lo hacía, Sherry me iba a preguntar qué le había hecho al regalo que me había dado. Y sabía cómo iba a reaccionar.

"No me importa", dije, "pero sé que si te lo doy, Sherry no me lo va a perdonar. No importa que sea mío, me va a estar preguntando dónde dejé a Bart".

Tanis estuvo de acuerdo con mi predicción. "Solo dile que está en tu locker. Yo no dejaré que lo vea, pero si pregunta, le diré que no es asunto de ella". Sonrió. "Pero si no quieres, está bien".

"No, no. Tómalo", le respondí. "Pero guárdalo en tu locker, ¿está bien?" ¿Para qué podía yo querer esa cosa? Cada vez que lo veía, me recordaba lo que ella pensaba de mí.

Tanis asintió y lo aventó dentro antes de cerrar la puerta. Oímos cómo golpeó el fondo de su locker, y ambas reímos como si hubiéramos visto a Sherry golpear el locker. Al menos, yo sí lo hice.

Al terminar mi clase, Sherry llegó corriendo, y lo primero que me preguntó fue que donde estaba Bart.

"Lo guardé en mi locker, no quiero que nadie me lo robe".

Me miró como si no me creyera, pero no volvió a preguntar. Al parecer, mi regalo había tenido un gran impacto para ella y para todos a quienes conocía.

"Le mostré al señor CZ tu regalo y me dijo, '¿Clare te lo dio? Está muy bonito'".

Quedé perpleja. ¿Smiley se refirió a mí usando *mi nombre*? Y sabía que estaba diciendo la verdad, porque hacía mucho que no lo llamaba 'Señor CZ'. Nunca lo llamaba Smiley cuando decía la verdad.

Fue entonces que no tuve el valor de decirle nada ni confrontarla sobre sobre lo que había leído en la nota de Tanis. De nuevo nos separamos al sonar el timbre, ella se alejó mucho más feliz de lo que la había visto en mucho tiempo. Casi me sentí culpable por lo que sabía bien que debía hacer. Me repetía a mí misma una y otra vez que ella se lo había buscado. Ella se había hecho esto a ella misma. La verdadera víctima aquí era yo, ¿no era así? Sherry era una mentirosa, estaba jugando un juego. No, ya no era más un juego, era más como una cuestión de control para ella.

En clase, tomé un nuevo trozo de papel y comencé a escribir todo lo que realmente quería decirle. Me movía la rabia, lo hice por resentimiento y amargura, y tal vez, envidia. ¿Cómo se atrevía? Lo solté todo. Las veces que me había mordido la lengua y callado; las veces que ella me había insultado y yo lo había permitido sin chistar; las veces que me había echado la culpa por cada momento en que su autoestima caía sola por los suelos y se despreciaba ella misma. Recordé cómo un día me dijo: *Al menos no tienes que levantarte cada mañana y ver esta cara en el espejo.* Lo decía como si fuera culpa mía que ella no tuviera buena opinión de sí misma.

¿Era eso culpa mía? Ya no estaba dispuesta a seguir siendo su trapo para desquitarse. Cuando terminé, sentí un peso levantarse de mis hombros. Había dicho lo que tenía que decir.

Doblé la nota y la sostuve en mi mano, y por qué no, incluso escribí el remitente y destinatario, sin tener la menor intención de dársela. Era un símbolo de mi victoria, de mi emancipación. No sé qué rayos estaba pensando, pero recuerdo caminar a su locker, dejar ahí la nota, y sentir un alivio mucho mayor al que sentí cuando la escribí. Mañana sería otro día, y el pasado sería solo el pasado.

DIECINUEVE

Consecuencias

Al día siguiente, salí de mi aula base escuchando el timbre desvanecerse en la distancia. Di dos pasos y me detuve. Decidí tomar otra ruta. No quería verla; había dicho lo que tenía que decir. No había más que decir, y no había vuelta atrás. Ahora ella sabía cómo me sentía yo. Ahora, sabía que yo estaba enojada y que realmente no quería explicaciones. Había mentido, eso era un hecho sabido. ¿Y cómo iba a hacer para salirse de esta con su verborrea? Durante la mayor parte de nuestro primer año, había mentido y vuelto a mentir, para después insultarme cuando yo dudaba de sus palabras o cuestionaba la mentira. ¡Estaba harta!

No la vi en todo el día. No noté movimiento o sonido alguno. Había silencio. Nada de Smiley, nada de Sherry. Me preocupé. ¿Se los había tragado la tierra? ¿Planeaban algo? ¿Tenía yo el valor para averiguarlo? Por supuesto que tenía curiosidad, pero con esa nota, sabía que le había dado un golpe fuerte. Había soltado y detallado absolutamente todo lo que me molestaba. Todo lo que ella me había hecho. Todas sus mentiras.

Cuando acabó el tercer periodo, recorrí el pasillo en el que estaba la oficina de subdirectores. Me acerqué despacio, y reduje mi marcha. Esperaba poder ver tras esa puerta alguna pista de qué les había sucedido. Tenía una extraña sensación de que estaba siendo cazada, quizás vigilada, y de que me harían pagar por saber demasiado.

Sin embargo, nada como eso pasó. Nadie irrumpió en la clase para secuestrarme. No había agentes del FBI o de la CIA esperando afuera de mi aula base, como yo esperaba – o temía –. Aun así no podía quitarme esa idea de la cabeza. Sentía curiosidad por saber si Sherry intentaría siquiera darme una explicación. Es decir, es lo que en realidad quería que sucediera. Quería que me dijera por qué, y cuáles cosas eran verdad y cuáles no.

Entre una y otra clase, me dirigí a mi locker, temerosa de encontrar ahí a Sherry esperando para hablar conmigo. No estaba lista para una confrontación. De modo que a hurtadillas me acerqué a mi locker, para evitar que esto sucediera.

Di la vuelta a la esquina y abrí mi locker. En verdad no esperaba ver la nota que ahí estaba. Ni siquiera había considerado esa forma de comunicación. Pero ahí estaba, nítidamente doblada, con el nombre de Sherry como remitente y el mío como destinatario. ¿Sería acaso la explicación que yo esperaba?

Eché arriba los ojos y tomé la nota. La sostuve en mi mano, la adrenalina recorriendo mis venas. ¿Cuál resultaría ser la fuente de sus motivaciones?

Abrí la nota y leí con el alma. Darme cuenta de la realidad me sobrecogió, me hervía la sangre de la vergüenza; nunca antes había sentido que tanto me podría consumir a la vez.

Yo no era más que un chiste y un juguete para la persona de cuya amistad yo había estado convencida, la misma persona en quien había confiado mis pensamientos y a quien había brindado mi compañía. Esa era su explicación, su excusa para haber hecho lo que me hizo.

Para ella todo esto era divertido, y no entendía por qué yo estaba haciendo tanto drama. Esas fueron sus palabras. Así que, todas esas historias sobre Smiley eran falsas. Aunque nunca admitió que no me vigilaba, sí admitió que no era quien ella había afirmado que así era. En efecto, era casado, pero ese no era el punto. Admitió que lo había inventado todo; las llamadas, las notas de Gaby y de Melinda – también falsas. Ella misma las había escrito todas.

Por un momento quise llorar y al mismo tiempo negarme a aceptar la verdad de sus confesiones. Podía entender lo de las llamadas. No era idiota, había sabido que era ella desde el principio. Pero ¿y todo lo demás?

Sin embargo, no podía ser todo falso. Las miradas, las escapadas por un pelo de Smiley... no podían ser todas mentira. La forma en que nos observaba, la forma en que nos quedaba viendo y nos seguía. ¿Había sido solo mi deseo, porque sentía que no tenía nada significativo en mi vida? Ya no estaba segura de nada. Tal vez no habían sido más que meras coincidencias.

Sherry lo había vuelto todo de cabeza. Me costaba ver las cosas como realmente habían sido. No lograba separar los hechos de las mentiras. Y en realidad, no quería hacerlo. Quería seguir creyendo que las cosas eran así. Quería seguir creyendo la mentira.

Mientras continuaba admitiendo sus mentiras, lo hacía parecer como si no fuera la gran cosa. Pero lo era. Era una gran cosa, una *gran* cosa para mí. Yo deseaba ese mundo, porque sentía que en él sí era alguien importante. No podía dejarlo ir. ¿Cómo pudo hacerme algo así? ¿Cómo pudo tomar lo que yo amaba y destruirlo con unas simples palabras?

Sherry no era la única que me había traicionado. Yo me había traicionado, y me había mentido a mí misma. Quería una vida más allá de la realidad. Quería creer la mentira. Era lo único que tenía, era lo único que me daba fuerzas.

Siento haber mentido, decía la nota de Sherry. *Heather me dijo que lo hiciera. Me dijo que te mintiera. Todo este tiempo, era su juego.* Entonces me di cuenta de que, de pronto, la presa era yo. Era igual al juego con el señor Thomas, pero los papeles se habían invertido y me lo habían hecho a mí. La tonta había sido yo. No había sido la primera vez, y, estaba segura, no sería la última. Odiaba este mundo y a todos en él. Siempre había sido yo el blanco de todo, la que todos usaban y a quien todos mentían. De niña sufrí abuso físico y emocional. Lo único que yo deseaba era ser aceptada.

Dijo que te ibas a creer lo que fuera. Que eras una gran tarada; me dijo que te contara historias de gente para ver qué pensabas. Al principio no me interesó, pero cuando empezamos a andar juntas y nos hicimos amigas, ya no quería seguir, y se lo dije, le dije que quería contarte la verdad. Pero ella dijo que te ibas a enojar y que nunca ibas a querer ser mi amiga más. Así que me dio miedo de que dejaras de hablarme. Por eso seguí inventando cuentos y hablándote de Smiley. Nos divertíamos tanto, no quería que eso se acabara. No quería perder tu amistad.

Continuaba su nota, y la rabia crecía dentro de mí. Podía escucharla en mi mente. *Y con buena razón*, pensé. Pero no la culpaba, ni estaba tan enojada como quería pensar que estaba. Por alguna razón, no me sentía traicionada. Lo había sabido todo el tiempo. Es decir, tendría que haber sido una imbécil para no verlo. No era del todo culpa de ella. Tal vez quería seguir creyendo la mentira. Una parte de mí tenía la seguridad de que era un engaño, pero yo no quería aceptarlo. Por supuesto que había confiado en los ardides de Sherry y Heather, pero aún quería confiar en todo lo que Sherry me había dicho. ¿Cómo podría nadie siquiera considerar cierto algo así? Andy Bell jamás vendría a Middleton, y también estaban todas las historias de Neil Tennant.

Lo que no quería y no podía aceptar era el hecho de que en realidad Smiley no me vigilaba. Que no era yo la razón por la que se levantaba cada mañana, y que no era una de sus misiones en la vida el hacerme sufrir, arruinarme, o causarme problemas. No quería aceptar que todo eso era mentira. Tenía la esperanza de que esa fuera la única verdad en todo este embrollo, pero también eso era falso. Sherry lo admitió al final. De hecho, era la más grande mentira de todas. Tal vez fue eso lo que me molestó, y tal vez por eso hice lo que hice en seguida.

Después de leer su carta, salí dando tumbos de mi clase. Ya llevaba en mis manos una carta para ella. Por supuesto, no tenía la intención de dársela en persona, pero ahí estaba ella, de pie afuera de mi aula, esperándome. Su aspecto era de preocupación, y de verdadero arrepentimiento.

Pero conocía bien a Sherry, era perversa incluso cuando era ella la equivocada. Y no me decepcionó.

Simplemente, así era ella. Pensó que yo iba a aceptar su disculpa así como así y que volveríamos a ser amigas. No esta vez. Me había traicionado de la peor manera. Me había hecho creer que yo era alguien, me había hecho creer que yo era importante, la razón para la existencia de alguien. ¿Tenía yo ese poder? No, por supuesto que no. Ahora bien, eso lo sabía. Yo no era más que una chica patética más, con sueños que jamás se realizarían. Una cuya imaginación no hacía otra cosa que meterla en problemas con personas como Sherry, que acechaban para poder jugar sus juegos. Eso es lo que había hecho Sherry conmigo; había usado mi talento para hacerme quedar como tonta. No solo ante mí misma, pero ante todos los demás.

Extrañamente, no estaba tan enojada como debí haber estado con ella, solo me enojaba que el mundo que había creado para ambas fuera mentira, y que el señor CZ no fuera el villano en ese mundo.

"Lo siento, de verdad. Lamento haber mentido acerca de Smiley, y de todo lo demás".

Yo no quería escucharla. Yo no quería oírla decirlo. Si lo hacía, destruiría todo eso en que tanto deseaba creer.

"Smiley no te vigila. Era mentira. Nunca dijo todo eso sobre ti, y nunca le hablé de ti tampoco. Todo eso lo inventé", admitió. Tenía la cara larga. Sus mejillas estaban tan redondas como siempre, y su maquillaje tan sobrecargado como siempre. Sus labios gruesos y tapizados de labial rojo. Dobló hacia adentro sus labios, frotándolos contra los frenillos que le habían puesto recientemente. Los frenillos se mancharon de labial rojo.

Pero ¿cómo puede ser?, quise preguntar, *dijiste que nos seguía*. Yo lo vi. Nos observaba. No podían ser solo mentiras. ¿O sí?

"Entonces, ¿aún somos amigas?", preguntó en tono seco, distante, y aburrido. Resopló. ¿Era yo aburrida, o exagerada? Su actitud parecía indicar que yo exageraba.

Me limité a darle la nota que había planeado dejar en su locker. "Solo lee la carta". Fue todo lo que dije.

Creo que ella ya sabía la respuesta, sin embargo obedeció sin decir nada que me pudiera hacer enojar más. De hecho, se comportó muy amigable.

Me alejé y la dejé ahí parada con la nota en su mano. Después se fue caminando en la dirección opuesta. La nota y su contenido pronto se convirtieron en una memoria borrosa. El resto del ciclo escolar, recorrí los pasillos en trance, preguntándome por qué no podía solo olvidarlo y seguir adelante. La aventura no era un juego fácil de olvidar, o un juego fácil de dejar atrás. Me gustaría decir que así terminó este asunto, pero Sherry no era una persona fácil de eludir.

Sherry había sido excelente inventando historias, y seguramente había otra parte de mí que no podía negarlo. Tratamos de juntarnos después de lo de mi carta. Quiero decir, de verdad me volqué en esa carta.

"Trataré de olvidar que me mentiste. Pero ya no más mentiras. Y podemos seguir siendo amigas", le dije. De forma que lo intentamos. Caminamos juntas, hablamos, pero eso pronto fracasó.

"¿Por qué estás tan callada?", me preguntó finalmente Sherry una mañana en que caminábamos juntas.

No podía dejarlo atrás. Al menos una parte de mí no podía. La otra parte intentaba aferrarse al mundo que había disfrutado con ella, pero que no podía dejar ir.

"No es nada", dije, pero tanto ella como yo sabíamos lo que estaba sucediendo. Todo se derrumbaba. Yo no podía quitarme la idea de que ya no había remedio. Nos estábamos torturando una a la otra. No teníamos nada de qué hablar. Antes, siempre hablábamos solo de Smiley; era el centro de nuestros acuerdos y aventuras. Ahora era una memoria distante de un mundo que ya habíamos dejado. Un mundo inalcanzable para mí, una mentira distorsionada.

"Has estado muy rara desde – ", comenzó a decir, pero no pudo terminar.

"Lo siento", dije.

"Pensé que ibas a perdonarme". Pero Sherry no facilita las cosas, y yo perdía la paciencia.

"Lo intento. Es difícil", murmuré.

"¿No puedes ya olvidarlo?" soltó abruptamente. ¡Mala idea, hacerlo! No así, no ahora.

"Tal vez no puedo, ¿entiendes? ¿Cómo puedo creer nada que tú me digas ahora?", reviré furiosa.

"¡Porque lo siento! ¡Ya te dije que lo siento! ¿Cuántas veces debo decirlo?" Sherry no entendía que no eran las mentiras lo que me había destruido tanto como debió haber sido, sino el hecho de que la aventura se había esfumado. La más grande de las mentiras, no era verdad.

"No sé. Es difícil volver a confiar. Tienes que darme tiempo para aceptar esto. ¿Está bien?"

Sherry suspiró y resopló, grosera. "Como sea".

¿Cómo se atrevía? Aquí la víctima era yo. Fue en ese momento que decidí que era mejor alejarme de ella. Decidí que tendría que comenzar a tomar otras rutas, evitándola en los pasillos. Necesitaba tiempo para pensar, tiempo lejos de ella. Entonces me pregunté, ¿a quién más le había mentido? ¿Habría inventado mentiras sobre mí para contarles a otros? Ideas de esa naturaleza comenzaban a surgir en mi mente. Por un instante tuve la intención de preguntarle, pero ya no quería siquiera verla. Simplemente, ya no podía. Sentía repulsión por ella. Nuestra relación pronto se volvió inexistente, y prácticamente no la veía, sobre todo porque la evitaba. En ocasiones hallaba notas en mi locker, con mensajes que decían, *¿Por qué te portas así? ¿Por qué me evitas? Ya dije que lo siento.*

Sin embargo, con cada nota, me parecía que estaba exigiendo una disculpa de mi parte. El viejo carácter autoritario de Sherry estaba resurgiendo. No me agradaba, y no pretendía permitirlo más.

Salí de mi clase, y la vi ahí, esperándome una vez más. Seguramente quería que le diera una explicación para justificar mi ausencia. Quería la seguridad de que aún sería su amiga, aun cuando me había visto con Tanis de nuevo en los pasillos. Tanis estaba al tanto de todo el asunto con Sherry. Nos reíamos de todo, y estábamos de acuerdo en que todo se lo merecía. No me iba a contener. No más.

¿Por qué me sigues evitando?", preguntó Sherry. "¿Todavía somos amigas?" Sonaba patética. Sonaba como si esperara que yo la reconfortara. Esta vez, no lo haría.

"No te estoy evitando". Era una gran mentira, pero ella me había mentido a mí. Justo es justo, ¿cierto?

"Pues no te he visto en todo el día, y luego voy a tu locker y tú estás con tus otras amigas".

"He estado ocupada", dije. "Lo siento". Esa era mi excusa. *Trágate esa, amiga.*

"Mira, ¿quieres o no quieres ser mi amiga?, me retó.

¿Y qué esperaba que dijera? *¿Sí, oh sí, perdóname, seamos amigas? ¿*Qué, en serio?

"Porque ya dije que lo siento. No sé cuántas veces lo puedo decir. ¿Sabes? Incluso fui y hablé con Smiley de todo esto, y me dijo 'bueno, si no quiere ser tu amiga, ya no le hables más'. Pero yo quiero darte una oportunidad".

Prácticamente eché arriba los ojos con esas palabras que salían de su boca. Ahí vamos de nuevo, resoplé. Sherry no había aprendido nada.

¿Es que nunca se daba por vencida? En ese instante supe

que nunca iba a dejar todo esa estupidez de Smiley. Las mentiras continuarían. Eso sería un problema constante con ella.

"Quizás deberías escucharlo", la reté. "Tal vez no deberíamos ser amigas, si soy tan mala persona. Tal vez no deberías ser mi amiga".

"Porque yo no me siento así. Te estoy dando la oportunidad. Ya me disculpé por lo que hice. Ahora te toca a ti aceptarlo. Así es como funciona".

¿Ah, sí? Rechiné mis dientes. ¡Qué descarada!

"¿De verdad?" Sonreí, tratando de no reír.

Me había quitado un peso de encima. Ahora, sentía que podía hacer lo que en un principio no pude. La antigua yo se habría disculpado, habría aceptado sus embustes. Y tal vez es lo que ella esperaba. Esperaba poder decirme lo que fuera, y que yo solo iba a decir 'está bien'. Hasta el momento, las cosas no estaban sucediendo como ella hubiera querido.

"No puedo. No puedo perdonarte", le dije de pronto.

Casi de inmediato se quedó callada, su humor cambió. Se veía triste y preocupada. Me pareció, por la expresión de su rostro, que no sabía qué decir.

"Puede ser que Smiley tenga razón: no soy una buena amiga, porque no puedo perdonarte. Tal vez no deberíamos ser amigas más, porque no puedo olvidar. De verdad, no puedo. Simplemente, no es lo mismo ya entre nosotras".

Sus ojos cafés me miraron casi suplicantes, pero sin orgullo y sin lágrimas. Aún pensaba que yo no hablaba en serio.

"Creo que no deberíamos ser amigas", repetí, para que lo captara. Algo en su expresión me decía que no lo captaba.

"Sabes que nunca hago caso de lo que dice Smiley", insistió, como si así fuera la cosa. Estaba suplicando.

"Lo sé". Sin embargo, ese no era el motivo, y ella no parecía entenderlo. Y aunque lo hiciera, yo sabía que no iba a dejar de mentir, pasara lo que pasara. "Pero ya no puedo creer en nada de lo que digas. Lo intenté, de verdad, pero no puedes evitarlo".

"Estaba bromeando. ¿No aguantas una broma? Sí hablé con él, y nunca le haría caso. Es un gran tarado", trató de convencerme. Parecía estar poniéndose agresivamente desesperada.

"Está bien".

"Podemos seguir siento amigas. Si no quieres que hable con Smiley, no lo haré, lo prometo. Ya no voy a hablar más con él. O no le hablaré de ti. ¿Está bien, eso te haría feliz?"

¿En serio? ¿No acababa de decir que no había hablado con él? ¿O que no hablaba sobre mí? ¿De modo que… mintió entonces, o mentía ahora?

No me estaba escuchando. Yo estaba terminando nuestra amistad, y ella no me escuchaba. "Cada vez que diga algo sobre Smiley, me puedes golpear, o algo, ¿está bien? ¿Eso te gustaría?", preguntó.

Eché arriba los ojos, lo único que quería en ese momento era irme. "Como sea, pero no creo que funcione". Lo dije con honestidad. ¿Hablaba en serio?

"Solo trata".

No dije más. Me limité a darle la nota. Contenía mi última despedida, puesto que ella no estaba facilitando las cosas. Yo quería dejar las cosas así, con la esperanza de que la nota la hiciera entender de una vez por todas que yo hablaba en serio. Ya no seríamos amigas, porque ya no podía creerle.

VEINTE

La reunión con el Dr. Mc y Smiley

Había pasado un tiempo desde la última vez que había visto a Sherry. No me molestaba, porque sabía que esa parte de mi vida había quedado atrás. Necesitaba más bien concentrarme en lo que se avecinaba. Los problemas en mi casa me tenían arrinconada, me sentía deprimida con más frecuencia, y no tenía nada para distraerme. Me sentía como prisionera de mis propios problemas. Era mi propia culpa. Había rechazado el juego de Sherry, y ahora lo quería de regreso. Estaba de vuelta en la realidad, y era un panorama horrible. Había huido de casa después de las terribles discusiones que tuve con mis padres.

Seguí yendo a la escuela como se supone que debía, aunque no estaba viviendo en mi casa. No era la primera vez. Era una parte de mi vida que frecuentemente me avergonzaba. Tal vez ahora entiendan por qué esas historias sobre Smiley eran importantes para mí. Cuando me fui de casa mis padres buscaron asesoría de las autoridades escolares. No fue ninguna sorpresa que aparecieran en la escuela, buscándome.

A mitad de la clase, el señor Cor (otro subdirector) se asomó a la entrada de mi aula. Lo vi con el rabillo del ojo cuando puso pie en la entrada del aula. Yo no conocía a estas personas, solo sabía lo que Sherry había descrito. Era difícil separar las dos cosas – la fantasía y el hombre real.

El señor Cor era un hombre de edad avanzada, tan gentil que no mataría una mosca. Era un subdirector relativamente nuevo, con aires de abuelito. ¿A quién venía a buscar? No a mí, seguramente. El FBI no tenía pruebas en mi contra. La CIA me daba por muerta. Yo era caso cerrado, nunca regresaría, y nunca me encontrarían. Sin embargo, por mucho que yo quería jugar mi juego, esta era la realidad, y el señor Cor venía a buscarme a mí. Escuché que me llamaban por nombre.

Levanté la vista para ver al profesor hacerme una seña indicando que el señor Cor venía a buscarme. ¡*Mierda*!

"¿Yo?" Levanté la vista totalmente confundida, el señor Cor sonrió y me hizo una seña para que lo siguiera. No sabía mucho de él, mucho menos comparado con lo que creía saber de los otros. Me sentí como una estúpida al seguirlo. Me pregunté por qué razón quería que lo hiciera.

Me levante a tropezones. ¿Tal vez Smiley le había llenado de ideas la cabeza? ¿Eran acaso reales las historias de Sherry? ¿Me mandaba llamar Smiley para convencerme de que Sherry no mentía? ¿Me había equivocado? ¿Por qué yo?

Así es: todas esas ideas me daban vueltas en la mente mientras caminábamos. Podía imaginar a Sherry, de pie junto al escritorio de Smiley mientras yo entraba. "Te dije que no era mentira", serían las primeras palabras que salieran de su boca.

"Está bien, tú ganas", respondería yo.

Entonces todos reiríamos: Sherry, Smiley, y yo. ¿Y después, qué? No había pensado tan a futuro.

Tuve que recordarme a mí misma que toda esa identidad de Smiley era falsa, una fantasía que solamente una idiota pudo haber conjurado. Entonces, pensé en el dibujo. ¿Lo había visto antes de que yo se lo mostrara? Seguro, yo los había dibujado a todos para mis historias; eran dibujos simples, no hacían ningún daño. ¿Se trataría de mis dibujos, esto?

"Puedo explicarlo, de verdad. Verá, Sherry fue la que empezó con esto", me imaginé a mí misma diciendo. *"Ella tiene la culpa de mi imaginación activa"*. No, eso sería darle demasiado crédito. *"No, me retracto. Fui yo. Sí, todo el tiempo fui solo yo"*.

Y no había más por decir, por poco me colapso, mis piernas flaquearon y pensé que los demás estudiantes lo notaron. Todo continuó como si nada. ¿Es que todos ya sabían? ¿Estaba siendo aprehendida por la CIA, o el FBI? Mi corazón latía acelerado, no sabía qué hacer. Sabía que pronto algo horrible me avergonzaría. ¿Estaba exagerando?

Sí, claro: me atrapan cuando menos lo sospecho. Podía visualizarlo muy claro, exactamente de esa forma. Smiley estaría sentado en su escritorio, sus esbirros a ambos lados.

"Gracias por su cooperación, señor CZ. Esta jovencita en particular nos ha estado causando problemas desde hace algún tiempo ya". El agente *Jack B. Nicholson le dirige una sonrisa a CZ. Ha estado examinando el calendario escolar que cuelga de la pared a la entrada de la oficina de Smiley. No es que el calendario le interese en modo alguno, pero siempre le ha gustado inspeccionar cosas con interés antes de dar su siguiente paso.*

"Sí, ciertamente es una niña problema", asiente Smiley.

Salí del aula siguiendo al Sr. Cor. La profesora no interrumpió en absoluto su lección. No sospechaba nada, como tampoco el resto de mis compañeros. ¿Acaso a nadie le importaba? Evidentemente no: yo soy alguien invisible la mayor parte del tiempo.

"Tus padres están aquí, quieren verte", dijo gentilmente el señor Cor mientras recorríamos el pasillo.

¿Mis padres?

Desvié la vista, decepcionada. ¿Eso era todo? ¿Seguro que no era alguien más? ¿Seguro que no se trataba de la CIA o el

FBI? Es decir, ¿no merecía la pena seguir a alguien como yo? Mis padres no estaban aquí porque les importara un pepino, estaban aquí porque querían tener la razón y hacerme quedar en mal. Ellos pensaban lo peor de mí, no otra cosa. Eran ellos los que siempre me alejaban con sus insultos. Para ellos solo valía lo que ellos querían, yo nunca sería suficientemente buena, para nada, a sus ojos siempre habría una falta, un error. Especialmente para mi padre; para mi madre yo no era sino una mocosa problemática.

Volteé a ver al señor Cor. Su dulce sonrisa evitaba que la pregunta que me atormentaba saliera de mi boca. Él tenía la seguridad de que se trataba de mis padres, y nadie más. No había nadie a quien sí le importara esperando al final de este largo recorrido. Esa era la historia de mi vida: yo era una nada.

No quería pensar en ellos. Quería sumergirme en mi mundo. El mundo que yo había creado y que nunca me defraudaría. Comencé a pensar que tal vez me había equivocado, y que en realidad el señor Cor también era parte de la conspiración. Solamente fingía ser amable e inocente, como un señuelo para que yo lo siguiera sin sospechar. Tal vez se trataba de una trampa, y todos eran parte de ella. Ahí estaría la CIA y no querían que yo sospechara nada. Era, por supuesto, brillante. Todo tenía sentido. *'La consabida trampa de los padres, jamás sospechó. ¡Buen trabajo, Johnson!'* En seguida una risa siniestra desde alguna parte que no alcanzo a ver, y se desvanece rápidamente.

"Tengo entendido que escapaste de tu casa", dijo el señor Cor, irrumpiendo de pronto en mis pensamientos. "Y que tienes problemas con tus padres. Queremos platicar contigo y ver si podemos arreglar las cosas", murmuró el señor Cor.

¿Cómo? Arrugué la nariz. Tenía esa expresión en mi rostro como cuando te dan una cachetada de realidad.

¿Platicar? No quería pensar siquiera en esas personas.

Quería hacerlo que dejara de hablar al respecto, pero era imposible.

"Está todo bien en casa? Puedes hablar conmigo. ¿Por qué te fuiste?", preguntó. Parecía sincero, dulce. Sus canas le daban un aspecto mucho más agradable. Tenía aire del abuelito ideal, el que se sienta en un sillón reclinable con una taza de té, y te pregunta cómo te fue ese día en la escuela, te atiende cuando te raspas la rodilla al caer de la bicicleta.

"Le tengo miedo a mi papá", murmuré. Verdaderamente no quería hablar de eso. "No quiero hablar con ellos. Mi papá no entiende. Por favor, no quiero estar sola con ellos. Siempre manipula las cosas. Tengo miedo de que diga cosas que me hagan quedar mal ante todos". Me obligué a callar. ¿Por qué le decía esto? ¿En verdad creía que me entendería, o le importaría? Yo era la hija. Hasta donde tenía entendido, los adultos nunca les creían a los hijos. Supongo que había perdido el sentido de la realidad. Esto era real, sin embargo, de alguna forma seguía siendo un mal sueño.

Mis sueños y fantasías no podían aislarme de la realidad del mundo. Lo odiaba por completo. El señor Cor era amable, un buen hombre que me escuchaba y me hacía sentir que le importaba a alguien, que yo era importante a pesar de lo insignificante que me sentía. No podía evitar hablarle, no podía dejar de confiar en él. De pronto, comprendí que tal vez tenía algo a mi favor, si bien solo por el momento.

"No te preocupes, veremos al Dr. Mc y él sabrá qué hacer. Le voy a hablar de tu padre. Vamos a hacer que nos entienda", me aseguró el señor Cor.

Tranquilizada, recorrimos el pasillo y nos acercamos a la oficina del director. En ese momento vi al Dr. Mc salir de su oficina acompañado por el señor Mor, otro subdirector mucho más nuevo. De él no sabía nada, ni siquiera las mentiras de Sherry. Lo único que la escuché decir sobre él era que era 'un gran tarado', pero yo estaba convencida que para ella, todo el mundo entraba en esa categoría.

La boca del Dr. Mc dibujó una enorme sonrisa que parecía forzada en su rostro. Lo había visto sonreír de esa misma forma en fotos para el anuario, tal vez no era algo solamente dirigido a mí, puesto no sabía qué pensar de mí. De cualquier manera era un recibimiento al que estaba acostumbrada. La gente por lo general no sabe qué pensar de mí, de modo que solo sonríen. Si alguien sentía repulsión por mí, yo nunca me enteraba, pero ciertamente eso es lo que se siente cuando alguien te mira de esa manera y se limita a sonreír así.

El Dr. Mc era un hombre gentil de hablar suave. No pude entenderlo bien cuando me miró desde arriba. Era un hombre muy alto, más alto que el señor Cor. Caminaba ligeramente inclinado hacia adelante, como si temiera que su gran altura lo aislara de los demás si no se acercaba aunque fuera un poco.

"Tengo entendido que huiste de tu casa".

Asentí con cierta dificultad. Me tenían. Supongo que no era en realidad un problema que concerniera a la CIA o el FBI. Era más bien un problema escolar y de padres. Supongo que estaba en el lugar correcto.

"¿Todo bien en casa?", preguntó el Dr. Mc. La línea de sus labios se curvó en los extremos de su rostro formando una sonrisa. Sus cejas salpimentadas se flexionaron ligeramente sobre sus ojos, indicando profunda preocupación y cavilación.

Yo no quería dar explicaciones de nuevo, pero entendí que, de no hacerlo, sería superada en número por los adultos. Y entonces, nadie me creería.

"¿Estás consumiendo drogas? ¿Tienes algún novio?", preguntó el Dr. Mc.

¿Exactamente a dónde quería llegar con esto? Lo miré y arrugué la nariz. Yo no era una mala persona, si eso es lo que estaba insinuando. ¿Qué le habían dicho de mí, y quién?

"Nada de eso. Esta señorita es una muy buena joven. Sé bien que es una muy buena estudiante", dijo el señor Cor en mi defensa. "No está metida en nada de eso. Sus padres

tienden a manipular la verdad. No hace nada de estas cosas",
continuó, como si me conociera de toda la vida.

Había llegado a esa conclusión basado solo en el puñado
de veces en que yo lo había saludado en los pasillos. Él
siempre saludaba a los alumnos, y hablaba con los demás de
sus problemas. Yo lo saludaba cuando me lo encontraba en el
pasillo. Era como si el mundo de Sherry me hubiera abierto
puertas. Yo había sido amigable con el señor Cor, y ahora él
me devolvía el favor.

De cualquier manera, era verdad: yo no tenía novio, no
bebía, y ni siquiera sabía qué drogas existían o cuáles me
podrían hacer enfermar. Literalmente, no tenía ni idea. Era
una desconocedora de todo. En serio, una niña gorda como
Sherry era quien me enseñaba a ser *cool*.

Me pregunté qué cosas le habrían dicho mis padres al
director para que me considerara alguien problemático, o
pensara lo peor de mí.

"Clare me dice que su padre abusa de ella. Teme verlos
porque, dice, su padre tiene la habilidad de manipular la
conversación. Teme que la lastime", repitió en mi defensa el
señor Cor. Me dio gusto que lo hiciera. Puso una mano suavemente sobre mi hombro para darme a entender que no estaba
sola.

"¿Te ha tocado inapropiadamente alguna vez?", preguntó
el Dr. Mc, como si fuera algo normal que se pueda preguntar
a cualquier persona.

¿Qué? No, mi padre no. Tragué, disgustada por la
pregunta.

De inmediato negué con la cabeza. Por supuesto que no.
Mi padre no era ese tipo de persona. Era un hombre abusivo,
sí, pero no ese tipo de monstruo.

Era vergonzoso que estos adultos me estuvieran interro-
gando. Pero, me sentía visible a los demás cuando me dirigían
la palabra. Era como si solo existiera una forma en que cualquier persona realmente me viera. Cuando un adulto te

habla, se abren puertas y ventanas. Es extraño, cómo pasa eso.

"No, señor, sobre todo me golpea, y peleamos". Con él, el abuso era más emocional y físico. Tal vez el Dr. Mc necesitaba un mejor motivo para involucrar a las autoridades, quizá para no tener que meter las manos él mismo. Buscó sacarme más detalles. ¿De qué exactamente estaban hablando aquí? Pero estaban escuchando. Estaban reconociendo mi existencia, hasta cierto punto. Eso era bueno, ¿cierto?

"Pero ¿abusa de ti?", replanteó el Dr. Mc. ¿Trataba de que yo admitiera otra cosa?

"Sí, señor". *De qué otra forma se puedo decir. El tipo me golpea. ¡Está fuera de control!*

"Esta pobre jovencita teme regresar a casa, debido a que sus padres son abusivos", interrumpió el señor Cor.

Ni siquiera recuerdo cuál fue la razón aquel día. Solo recuerdo que mi padre nos agarró y trató de arrastrarme al interior de la casa. Yo sabía lo que seguiría una vez adentro: la golpiza. Mi hermana se me tomó de donde pudo e hizo su mejor esfuerzo para ayudarme. Amos tiraban de mí en direcciones opuestas. Mi hermana se descuidó y me enterró las uñas en el brazo. En ese momento yo no lo sentí, con la adrenalina corriendo por todo mi cuerpo. Sin embargo, había sangrado.

Un vecino había llamado a la policía, y ese día mi padre fue arrestado por abuso. Las denuncias por violencia doméstica no acabaron ahí. Esa era la historia de mi vida. Pero este libro no trata de eso. No trata de un pasado de abuso a manos de un pederasta cuando era una niña, ni del intento de violación cuando hui de casa. No, esto es otra cosa.

Aquella había sido solo una de tantas ocasiones. Hubo otra ocasión, una noche en que llegué a casa unos minutos después de mi toque de queda, porque tenía un neumático desinflado. Había llevado el auto a la casa de una amiga, quien me ayudó a arreglarlo. Cuando finalmente llegué a casa, con el repuesto, era tarde. Mis padres abrieron la puerta en el momento justo en que yo abría la cerradura. Me ordenaron que les diera mi llave. Me dijeron que debía dormir afuera. Me dejaron afuera, cerraron con llave. No importó que tratara de explicar el por qué había llegado tarde. Se negaron a escucharme. "Tarde es tarde; no hay pretextos", habían dicho. Mi hermana estaba conmigo. También a ella la dejaron fuera de la casa. Decidimos dormir en el carro. Fue entonces que mi padre salió de la casa e intentó quitarme las llaves. Yo solamente quería dormir. Había acompañado a mi hermana a una fiesta a la que había querido ir, y ahora lo único que yo deseaba era dormir. Yo había conducido. Logramos entrar en el auto antes de que papá nos diera alcance. Mi hermana se apresuró a poner seguro a las puertas, mientras yo intentaba encender el auto y salir de ahí. Era un Thunderbird clásico de los setenta que por momentos solo avanzaba en reversa. Normalmente era necesario dejarlo calentar. Y justo cuando intentaba salir de ahí, el auto hizo su capricho. No se movía. Pisé a fondo. Nada. Mi padre se puso frente al auto. Idiota. Aceleré de nuevo, el auto se sacudió un poco y de inmediato se movió. Salió disparado por la calle lateral, dejando atrás a mi padre. Atravesamos el vecindario, temerosas de que nos fueran a seguir. Terminamos en una calle cerrada, apagamos las luces. Estábamos aterrorizadas. Temíamos ver en cualquier momento faros de su auto acercarse por detrás, pero nunca llegaron. Dejamos pasar unos minutos, después decidimos a dónde ir.

Aún recuerdo esas noches, dormimos en la casa de una amiga.

Me agradaba el señor Cor, parecía ser un hombre genuinamente bueno. Estuvo de mi lado, y me agradó que así fuera. Por fin los adultos me tomaban en serio.

"¿Es eso cierto?", inquirió el Dr. Mc. Parecía ser el menos interesado. Lucía aburrido la mayor parte del tiempo. En su rostro, una pequeña e inútil sonrisa.

"Sus padres esperan en la oficina del señor CZ en este momento, ", reveló el señor Cor

Tragué saliva. Sentí mi corazón hundirse. Sentí una explosión de mariposas tratando de escapar dentro de mi estómago. Mis manos se cubrieron de sudor casi inmediatamente.

El señor Cor colocó su mano sobre mi hombro, para tranquilizarme. "No te preocupes, jovencita, estará bien". No era tanto pensar en mis padres, sino lo que ellos le dirían a todo el mundo. ¿Qué cosas revelarían, para hacer a todos odiarme? Yo iba a desaparecer de nuevo, y esta vez, nadie nunca sabría que alguna vez existí. Querían apartarme del mundo.

El Dr. Mc curvó su boca un poco, una sonrisa gentil pero difícil se dibujó en su rostro. Intentaba parecerme agradable, pero su esfuerzo, en el mejor de los casos, fue pobre.

"Está bien, nos haremos cargo de esto", dijo el Dr. Mc al señor Cor, de pie junto a mí. "Señor Cor, vaya con ella a la oficina del señor CZ. Vamos a intentar arreglar esto. Explique usted todo esto al señor CZ. Vamos a ver si podemos arreglar esto hablando y que esta señorita regrese a casa con su familia". El Dr. Mc me dirigió uno de sus intentos de sonrisa y me dio unas palmadas en la cabeza, como si yo fuera su mascota, o una niña pequeña. Se volvió al señor. Cor. El señor Mor, quien había estado de pie en silencio, observando, también me dirigió una amable sonrisa. ¿Qué estaría pensando? ¿Qué más había por decir? Nada. Todos parecían querer hacer lo correcto, sentir que se estaba trabajando en lo correcto, buscar una solución, sentir que habían logrado algo.

El Dr. Mc era muy distinto al Dr. Mc que yo conocía de mis libros. El Dr. Mc que yo conocía era gentil, se involucraba, y sus modales eran lo opuesto total de lo que era este hombre. No tenían nada en común, a no ser por el nombre que compartían. Esa era la diferencia, y era un descubrimiento doloroso. Yo aún sentía que había más por conocer del Dr. Mc, pero era un hombre al que era difícil aproximarse, incluso si hubiésemos tenido la oportunidad de ser amigos. Nunca sería como las fantasías en las historias que yo había creado. Ye so me entristecía. Quizás no importaba, aunque lo único que yo quería era su amistad. Sigue soñando. Habría sido genial. Pero habría sido mejor si todo fuera real.

Pues bien, estaba a punto de descubrir cuán parecido era Smiley a su personaje en mis historias. ¿Realmente era un malnacido? Una parte de mí pensaba que lo sería, una parte de mí deseaba que así fuera para no destruir la ilusión, como la había destruido Darth Vader una vez que se quitó el casco al final de *El regreso del Jedi*.

"No se preocupe, jovencita", dijo el Dr. Mc. "Todo saldrá bien".

Pero hubo cierta garantía de que no lo vería más; de que nunca seríamos mejores amigos ni hablaríamos sobre cómo me iba en mis clases. Tenía mejor oportunidad de eso en mis historias, con su personaje. Eso era patético, incluso tratándose de mí.

"Vaya con ella, señor Cor", dijo suavemente el Dr. Mc, esbozando un triste intento de sonrisa. Por más que lo intentara, no había casi amabilidad en su mirada. Era solo parte de su trabajo. Como si estuviera repitiéndose a sí mismo: *si sales de esta, estarás bien. Un logro a la vez, Doc.*

Recorrí el largo pasillo hacia la oficina de Smiley, en compañía del señor Cor. Era difícil, porque no podía pensar en otra cosa sino en qué iban a decir, o ya le habían dicho a Smiley, mis padres.

Si todo lo que Sherry había dicho era cierto, o aunque fuera solo un poco, yo sabía que Smiley ya tenía ideas negativas de mí en su mente. Pero no quería creerlo. En primer lugar, Sherry era una mentirosa, eso ya lo había aceptado. Aun así, no quería creer que todo era falso, una parte de mí aún se aferraba a – no, anhelaba – un fragmento de verdad, sin importar los problemas que eso implicara. Quería creer todo lo que Sherry había inventado. Cuando escuchaba sus historias, había sido más feliz que nunca en mi vida. La escuela se había convertido en una experiencia totalmente distinta. Aunque fuera falso, aunque fuera infantil, yo había tenido algo en qué creer. Lo había disfrutado, y ahora lo añoraba. Parte de mí quería aceptar la disculpa de Sherry. Sin embargo, Sherry había hecho ya demasiadas cosas, cosas que yo no podía olvidar y perdonar. Había cambiado una parte de mí para siempre.

VEINTIUNO

En la oficina del señor CZ

Así que, ahí estaba yo – junto con el Sr. Cor. Entramos juntos a la oficina del subdirector. Nunca pensé que me hallaría en esa situación. Estaba entrando al laberinto, y no sentía temor, solo estaba en estado de pánico. Todo se movía en cámara lenta, era irreal.

La oficina de Smiley no era exactamente como la había imaginado. La secretaria nos saludó tan pronto entramos. La entrada tenía su oficina interior. Las oficinas de los subdirectores estaban una al lado de la otra dentro de un espacio cerrado. Yo tenía los planos. En verdad.

El Sr. J, o 'Payaso', como lo llamábamos frecuentemente, tenía su oficina a un costado de la de Smiley. El Sr. J no se encontraba, cosa que fue un alivio: no me vería ahí, y no pensaría mal de mí por haber estado en la oficina del director. Yo quería estar segura de que supieran que no era la mala persona que Sherry afirmaba. Aunque dudaba que Sherry hubiera tenido cualquier contacto con ellos, ahora lo sabría de primera mano.

Dentro de la oficina interior había cuatro sillas de frente a la estación de la secretaria. Era la sala de espera, como en el consultorio de un doctor. Aquí los estudiantes podían pensar en lo que habían hecho antes de que se les aplicara un castigo.

La secretaria estaba escribiendo a máquina cuando entramos. Nos paramos frente a su escritorio, ubicado literalmente en la entrada de la oficina.

"Hola, señor Cor", dijo, sonriendo. Su rostro era duro, sus lentes tenían un ligero tinte, pero pude distinguir sus ojos azules. Su cabello era corto, con rizos blanco-oscuros.

"Hola, señorita Wal", respondió cortés el señor Cor. Su modo era así, suave. Sosteniendo en una mano su radio, colocó la otra sobre mi hombro como un padre protector. Me dio una palmada, notando mi nerviosismo. Estaba muerta de miedo.

La señorita Wal apenas y me miró. Para ella, yo era solo otra estudiante problemática. Después de todo, mis padres estaban en la oficina de Smiley, ¿qué más podría significar eso? Yo no los había visto, con la puerta cerrada. Me preguntaba qué estaría pasando ahí adentro.

Entonces, me pregunté, ¿acaso no había estado yo un par de veces en la oficina del Sr. J, platicando? No podía recordar cuándo, o de qué hablamos. Tal vez alguna historia que yo había escrito. Pero era un hecho que habíamos hablado antes; nos habíamos tomado una foto para el anuario. Creo que recorté esa foto, quitándolo a él. No estoy segura de por qué lo hice. Era mi amigo, como Smiley era amigo de Sherry, como el señor Cor y el Dr. Mc, que fingía interés. Pero yo sabía la verdad. Amigos o no, yo solo quería creer que algún día podríamos serlo.

"¿Se encuentra el señor CZ en su oficina?", preguntó el señor Cor.

"Sí, señor Cor. Les está esperando. Pueden pasar", respondió la señorita Wal, y regresó a su trabajo.

El señor Cor me guio suavemente; mi corazón latía como caballo sin freno mientras avanzaba junto a él.

El señor Cor tocó a la puerta. Escuchamos una respuesta

queda desde adentro, y empujó la puerta para abrirla. En ese momento me hubiera gustado que no fuera un caballero.

Antes de abrirse por completo la puerta y mucho antes de que pudiera ver a Smiley en su escritorio mirándonos, vi los rostros de mis padres. Mi padre parecía querer saltar sobre mí desde su asiento, pero se contuvo. Quizás por temor a que los demás presentes lo detuvieran. ¿Cuánto tiempo para que no le importara? Parecía querer salir de ese lugar. Como si el tenerme ahí fuera suficiente y ahora que me había hallado, lidiaría conmigo a su modo. Eso me asustaba.

"Adelante, señor Cor. Toma asiento por favor, Clare", Smiley hizo una seña con la mano. Su voz era suave, distinta a cualquier voz que jamás había escuchado. No significaba que fuera un buen tipo, solo que era peligroso e impredecible. ¿Era insuperable mi situación? Smiley parecía ser completamente diferente a lo que había esperado.

Yo temblaba, intenté evitar la mirada de mi padre, que parecía querer fulminarme. Ya podía sentir sus secos golpes cayendo sobre mi cuerpo. No podía dejar de pensar que muy pronto estaría sintiendo un inmenso dolor. Traté de no pensar que estábamos en el mismo lugar juntos. Dejé de pensar en que estaba en el mismo cuarto que Smiley, y en todo a lo que eso podría conllevar. Más que otra cosa, sentía vergüenza. ¿Me importaba realmente lo que Smiley pensara de mí? ¿O lo que pensara el señor Cor? Sí, por supuesto que me importaba. Eran personajes en mi mundo, casi celebridades en mi mente.

El señor Cor jaló una de las sillas y la colocó de frente a mis padres. Me senté, encarándolos, y ellos no me quitaban los ojos de encima. Ambos derramaban ira en sus miradas. Tal vez se sintieran agraviados por el hecho de que estuviéramos todos en ese lugar, no lo sé. O quizás estaban furiosos porque temían que, como lo hizo el sobrino de Smiley, Fabián, yo arruinara el honor de la familia hablando mal de ellos.

¿Por qué debía importarme? Yo quería que saliera a la luz, y a la vez no lo quería. Solo quería que me dejaran en paz. Quería ser yo misma. Yo no era una mala persona. ¿Por qué siempre pensaban que lo era? Solo era una incomprendida.

"*Muchas gracias, señor CZ. Pienso que podemos manejarlo de aquí*", dijo mi padre en español.[1] Comenzó a ponerse de pie. Así es, lo que yo necesitaba era una buena paliza, y con eso me enderezaría. Yo estaba segura de que así es como mi padre pensaba 'manejarlo'.

Pero Smiley tenía otros planes, y tomó control inmediatamente, como lo hubiera hecho su personaje en mis historias.

"*Siéntese por favor, señor Per*". Muy bien, evidentemente entendía y hablaba español. Pero eso no probaba nada.

"*Vamos a tener que hablar de lo que pasó con su hija*", el señor CZ seguía hablando en español. Querían hablar sobre mí. Esto lograría comprarme algo de tiempo, o bien avergonzarme aún más.

"*¿Ves lo que hiciste? ¡Ya estarás feliz!*, me gritó de pronto mi padre.

Bajé la cabeza y desvié la mirada. Por favor, pensé, no aquí, no frente a Smiley.

El señor CZ interrumpió, "*¿Señor Per? Por favor, vamos a hablar*".

Mi padre estaba aprensivo. "*¿De qué quiere hablar, señor CZ?*", preguntó. "*Lo que no entiende usted es que esta niña no quiere obedecer. No le gusta estar en casa, le gusta salir con los novios*".

¿Novios? ¿Es eso lo que mi padre pensaba de mí, que era una zorra con un montón de novios?

"*Cállate, Pancho. No tiene novio, 'tas loco*", interrumpió mi madre.

"*¿Entonces por qué le gusta andar en la calle?*", reviró furioso mi padre. Yo intentaba no escucharlos, pero era imposible. El señor Cor parecía estar algo confundido con la conversación que estaba presenciando, pero siguió apoyándome, permaneció a mi lado listo para ayudar en cualquier forma que pudiera. Aunque yo sabía que no tenía idea de lo que se estaba diciendo – en español. Los demás tenían cierta ventaja, pero eso no evitaría que hablara.

"Clare, ¿hay algo que quieras agregar?", preguntó Smiley. Levanté la vista. Me pareció que ya estaba dudando de mí. Como si ya hubiera decidido el tipo de persona que era yo. ¿O no?

"Señor CZ, quisiera decir algo en defensa de esta señorita. Es una buena chica, nunca ha hecho nada malo. Me parece que su padre la describe de forma incorrecta. La conozco, y nunca ha estado en problemas. Es posible que su padre no esté siendo completamente sincero".

La mirada de CZ se suavizó un poco. Algo en él cambió. Es extraño cómo cuando un adulto te defiende de otros adultos, estos de inmediato te creen. Mi padre no respondió a las palabras del señor Cor. O no lo había entendido, o comprendió que había sido descubierto.

"Solo tiene miedo a que su padre se desquite con ella. Le tiene miedo a él", añadió el señor Cor.

"Le prometo que no la voy a tocar. Es mi hija, ¿usted cree que le voy a hacer daño? Solo quiero que regrese a la casa. La calle es muy peligrosa, ¿no le parece?"

"¿No le parece?", repitió mi padre, dirigiéndose al Cor en su mejor intento de inglés mal pronunciado.

El señor Cor parecía confundido. No me parece *qué cosa*, decía su expresión. Mi padre tenía esa costumbre de hablar en español y en seguida agregar el resto en inglés, y esperaba que los demás le entendieran todo.

"No te entiende, Pancho", explicó mamá a mi padre. *Pancho* era como mamá siempre lo llamaba.

"¿Eh?", dijo mi padre en inglés, "¿no cree que es mucho peligroso para una joven ser sola en la calle?", su inglés era muy malo.

"Oh, sí, por supuesto, de acuerdo", respondió el señor Cor. Me dio una palmada en el hombro.

"Creo que tus padres tienen razón en eso, querida. Deberías regresar a casa. Es demasiado peligroso que sigas en la calle sola".

Comencé a pensar que me había traicionado, o que mi padre lo había convencido. De una cosa estaba segura: no había oído nada de parte de Smiley.

Había estado sentado en su escritorio, muy quieto y preocupado, sin decir una palabra, como si estuviera pensando muy detenidamente, pero con un destello de temor en su mirada. No era la expresión que estaba acostumbrada a ver en su rostro. Me tomó por sorpresa. Estaba sentado, escuchando, con expresión preocupada. Parecía consternado. ¿Acaso mi padre lo había convencido incluso a él? ¿Había sido vencido y silenciado por un hombre con menos educación que la suya?

Eso me molestaba, sobre todo porque era un defecto que no había previsto. Un defecto que tenía la intención de usar para mi personaje de Smiley en historias futuras, en las que descubriría su verdadero ser, y estaría dispuesto a ser un buen tipo y dejar de ser el villano. No era nada que esperara del verdadero Smiley. Estas personas habían dejado de ser solo personajes en mis fantasías. Eran reales, esta era su realidad, de la que yo quería ser parte. No podía evitarlo. Me estaban jalando, tal vez ya estaba dentro sin saberlo siquiera. Incluso después de que el señor Cor insistiera en que era mejor que regresara a casa, me sentí traicionada por sus palabras sin importar lo ciertas que parecieran.

Smiley callaba, era una sombra en el escritorio, rodeado de papeles, voces, y los rostros sentados frente a él. A sus espaldas, fotografías de su esposa e hijos se burlaban de mí. Me decepcionó no ver a Gaby o a Alemán en esos retratos. ¿Tal vez esperaba sí hacerlo? Observé, pero no vi nada de lo que pude haber esperado. Nada de Gaby, ni su esposa, la profesora de arte, la señora Smith, ni parientes como Fabián. No había nada. No sabía qué pensar. No quería aceptar la verdad − la evidente verdad − que no había, hasta este momento, tenido frente a mis narices como ahora que estaba frente al hombre mismo. CZ. No existía *Smiley*, no había otro personaje, ni señales de tal. Era solo un hombre normal, un hombre con familia – esposa y dos hijos. Solo un hombre, y yo sentía ganas de llorar, porque no quería creerlo. Odiaba a Sherry aún más. Había muerto la creencia. Había muerto, junto con Sherry.

Me permitieron regresar a casa temprano. Sorprendentemente, mi padre no hizo nada mientras yo sacaba mis cosas del locker. Había llevado una bolsa con ropa como previsión en caso de que tuviera que regresar a casa esa tarde. Supongo que conocía a mis padres mejor de lo que yo misma creía. Mi padre se mantuvo tranquilo en el camino a casa. No hizo intento alguno de hacer las paces conmigo, ni de discutir. No tenía caso, lo sabía, y yo lo sabía también. Estaba entendido que no repetiría lo que había hecho.

VEINTIDÓS

El dibujo de Smiley

Habían pasado dos semanas desde la última vez que había hablado con Sherry. Algunos días desde la reunión con mis padres en la oficina de Smiley. Me encontré con Tanis. Tanis fue siempre mi mejor amiga. Aunque algunas cosas habían cambiado entre nosotras, seguíamos entendiéndonos. Habíamos estado escribiéndonos como antes. Lo había extrañado. Tanis nunca me preguntó sobre el asunto con Sherry. Así era ella. Sabía lo que había pasado. De modo que no había más qué hablar de eso. Supo lo que estaba pasando entonces, y yo tenía la seguridad de que sabía lo que pasaba ahora. "Somos cazadoras de alienígenas, y la CIA y el FBI nos han descubierto", le gustaba decir a Tanis. "Hay una conspiración creciente, no sestamos acercando. En algún punto de todo este embrollo, te secuestraron y te convertiste en un experimento fallido, y por eso ahora te buscan". Desafortunadamente, me parecía que se acercaba ya el lóbrego final de la fantasía. Y eso era una pena.

Siempre fue Tanis la que decía que yo era la alienígena. ¿Eso explicaría por qué yo era tan rara? No tenía sentido. Me tomó todo el tiempo del mundo entender las actividades y emociones humanas. Era lenta en todo lo que se pueda considerar normal. Tal vez no era tan diferente como quería creer. Tal vez solo era parte de la adolescencia.

Decidí comenzar a dibujar de nuevo. No es que lo hubiera dejado de hacer, pero lo empecé a hacer más frecuentemente esos días. Una de mis fuentes de inspiración era Smiley. No sé por qué, le había tomado cariño. Era difícil entender el motivo. Pero el hombre a quien Sherry había convertido en un personaje tan prominente en mi vida, comenzaba a cobrar vida propia. Es un hecho que siempre me acabo enamorando de mis personajes, y los de otros autores. Una no puede amar a un buen villano. Y Smiley definitivamente era ese villano al que nos encanta odiar. Un personaje que, de alguna extraña manera, había impactado mi vida. Solo ahora me daba cuenta.

Le mostré a Tanis un dibujo del que estaba particularmente orgullosa. Era un dibujo de Smiley. Me sentía orgullosa de mis dibujos, pero era tímida para dejar que otros los vieran.

"¡Se lo deberías mostrar!", dijo Tanis señalando el dibujo. Por una parte quería hacerlo, sin embargo, tenía miedo a las críticas y al rechazo. "Creo que le encantará".

"No. No creo poder hacer eso", dije, guardando de nuevo el dibujo de forma que nadie más lo viera. Alguien podría pensar que me gustaba el tipo, el mismo que durante tanto tiempo había sido un villano en mi mente. De alguna manera, eso lo había convertido en una persona más interesante y atractiva. Creo que era solamente la fantasía. Se podía notar en mis dibujos y en mis historias, en las aventuras que había escrito con Sherry.

En una de ellas, éramos obligadas a participar en un viaje escolar a la casa de Smiley en Italia, que por supuesto, resultaba al final ser información falsa. Aún me gustaba escribir esas historias.

En otra de ellas, Smiley nos protegía de una entidad a la que le gustaba beber Coca-Cola y que quería llevarme a un sitio llamado *La décima dimensión*. El poderoso ser me había concedido poderes tras haberme regresado de entre los muertos. Era una transformación inevitable después de haber regresado de entre los muertos. Las historias continuaban, aventura tras aventura.

Finalmente engañamos a la entidad, imaginen eso. Logré escapar enviándolo de vuelta a su dimensión y atrapándolo por un tiempo. Claro está que regresaría para la segunda parte. Y sí, habría una segunda parte, incluso un especial de Navidad con la introducción de Jack B. Nicholson, quien había sido reemplazado en la primera historia por un aprendiz de agente. Jack era demasiado rudo para las primeras historias, siempre enviaba a otros a hacer su trabajo sucio.

Yo esperaba que algún día otras personas leyeran mis historias, pero por el momento me daba demasiada pena mostrar mis obras a nadie. El temor al rechazo, o peor aún, a ser juzgada, era un factor poderoso.

Tanis sonrió. Sabía que yo era tímida, y me entendía mejor que ninguna persona. No lo decía, no necesitaba hacerlo. Era una verdadera amiga, pero algo no me permitía verlo. Éramos diferentes, aunque no del todo; teníamos más en común que lo que yo quería aceptar.

"Entonces, déjame hacerlo yo", ofreció.

Dudé antes de dejarla tomarlo, lo acerqué a ella, y lo retiré de inmediato.

Ella tomó el dibujo de mi mano. Titubeé. Quería tomarlo de vuelta. Tenía miedo. Era tímida, me avergonzaba la idea de mostrarle mis obras a otros, especialmente a él, Smiley era mi fuente de inspiración.

"Se lo puedo mostrar".

Yo sabía que sí quería que lo hiciera, pero al parecer era más fuerte mi timidez. ¿Qué si me decía que el dibujo no servía? Había demasiados "qué si…" en mi vida.

"Vamos. Déjame enseñárselo", insistió Tanis. "Creo que es

muy bueno. De verdad deberías mostrárselo. Así él sabrá cuánto lo admiras".

¿Por qué debía importarme? ¿Era tan obvio? ¿Quería que lo supiera? Sherry había planeado algo, de eso estaba segura. Tanis sabía que yo necesitaba que me motivaran, que me dieran un empujoncito. No estoy segura de qué. ¿Qué quería? ¿Que me valoraran, que reconocieran que existía? Supongo que no estaba segura, pero ciertamente sabía que extrañaba la convivencia con Sherry. De alguna manera, las personas habían desaparecido de pronto. Gaby ya no llamaba, Saul me desconocía. Fabián era solo otro chico popular en el grupo del que yo quería ser parte. Yo no tenía identidad.

La única persona que parecía notar que existía era Smiley, a quien vi algunas veces. Nunca hablaba, pero siempre tenía esa sonrisa, que parecía un pegote natural en su rostro, a toda hora, todos los días – así que en realidad, no significaba nada. Lo veía con más frecuencia de la que me hubiera gustado. A veces sentía que me estaba siguiendo. Ahora que ya no estaba Sherry, me parecía que se hacía presente más, puesto que yo no tenía otra fuente de información. O tal vez era porque yo ya no sabía distinguir quién era él realmente. Me sentía indefensa. O quizás estaba pensando demasiado las cosas. No lo creía. Sabía que todo lo que Sherry me había dicho era mentira. De modo que ¿cómo podía ser cierto esto? Estaba paranoica, eso era. Sherry había hecho de mí una víctima, y me había hecho sospechar de todos y de todo. Aun así no podía quitarme de encima la idea de que tal vez algo de todo eso era real. ¿Cuán estúpido era eso? Solo una ilusión.

Aunque no dejaba de querer aceptarlo como verdad, me era imposible ahora que la realidad me había abofeteado la cara tantas veces. Todo era mentira. Desde el momento que había empezado, había sido todo la fantasía de una niña gorda y retrasada. ¿Por qué yo? Me preguntaba constantemente. ¿Por qué no? Era la única respuesta.

¿Era yo tan patética, que hasta una idiota podía hacerme

creer en ciertas cosas y convencerme de que la escuela entera me la tenía jurada? Lo añoraba todo: las llamadas, las historias, las notas que nos pasábamos durante el día. Añoraba la aventura de ver al señor VZ y a Smiley de pie, hablando entre ellos, y sentir que hablaban de nosotras cada vez que miraban en nuestra dirección. Sherry había hecho un trabajo maestro al manipular los eventos y nuestro entorno. Lo había hecho tan bien que yo me había integrado de lleno en el mundo que ella imaginó.

Deposité el dibujo en las confiables manos de Tanis, con la esperanza de un cambio en mi mundo, una especie de notificación, supongo. Tal vez alguien por ahí podría sentirse orgulloso de mí. Tal vez estaba pidiendo demasiado.

"Está bien", dije, pero aún había resistencia en mi voz.

"No te preocupes, se lo voy a mostrar, y le hablaré de ti un poco", dijo ella. Sherry habría sido maliciosa. Habría insistido en que Smiley sentiría envidia de mi habilidad artística. Pero no tenía la misma conexión con Tanis que con Sherry.

"Bueno…", alargué la mano hacia el dibujo de nuevo. Tanis no lo alejó, como lo habría hecho Sherry. Realmente no quería que me preocupara. Quería que fuera mi decisión. Yo, de alguna manera, quería que saliera corriendo con el dibujo, porque así yo ya no podría cambiar de opinión.

"Bueno, está bien", acepté. "Te espero arriba, ¿sí?"

Tanis asintió, sonriendo. Tan pronto dio un paso, corrí a subir las escaleras, a esconderme como una tonta. Volteó a verme mientras abría la puerta de la oficina. En seguida desaparecí por la escalera como ladrona asustada. Corrí hacia arriba como si alguien me persiguiera. Subí corriendo hasta el tercer piso, y me detuve a un lado de la ventana que daba a la biblioteca. Deseaba poder estar en la oficina, escuchar lo que se decía de mí. Deseaba poder espiar. Solo quería saber qué pensaban de mí los demás, sin que mi presencia ahuyentara la verdad de sus palabras. Bueno o malo, lo quería escuchar, no me importaba. No me importaba cuánto pudiera doler, quería saberlo.

Debí haber estado ahí esperando por espacio de una hora. Si no fue así, ciertamente así lo sentí. Había pocos estudiantes por ahí, era algo depsués de horas de escuela. Los que permanecían eran en su mayoría porristas y el equipo de fútbol. Solo unos cuantos tomaban clases nocturnas. Eso siempre me pareció extraño. También había bastantes adultos.

Me senté en el pretil de la ventana, esperando a que Tanis me hallara. Esperando a saber qué había pasado. Temía que no lo hubiera encontrado en su oficina. De hecho, pensaba que bien pudo haber sido así. No me habría sorprendido si lo fuera. Ya se había tardado bastante, tal vez sí lo había encontrado. Eso me asustaba mucho más.

Por fin escuché pasos subir por la escalera. Todo tipo de ideas explotaron en mi mente. ¿Y si traía a Smiley con ella para verme? No, no haría eso. No Tanis. No *me* haría eso. Solo lo haría si supiera que yo así lo deseaba. ¿Lo deseaba?

Mi corazón latía desenfrenado, tenía un nudo en la garganta. Quería salir corriendo y brincar de la ventana cuando escuché los pasos acercarse. ¿Eran dos pares? ¿Venía subiendo alguien más?

Quise huir, pero una parte de mí titubeó. ¿Y si me ponía color rojo tomate, como lo hacía siempre que me avergonzaba? No podría hablar, no podría hacer contacto visual. Mi lengua siempre se hacía nudos en mi boca, y sonaba como una idiota. Me pasa eso mucho cuando alguien a quien admiro me mira a los ojos. De hecho, con todos, y con quien sea. No sé por qué no soy buena socializando. ¡Siempre fui un desastre!

Una parte de mí sentía curiosidad. Fue esa parte la que me detuvo y me hizo volver la mirada.

De las escaleras surgió Tanis. Cuando la vi, seguía con el instinto de salir corriendo, pensando que detrás vendría Smiley, pero nadie más se asomó. Se acercó a mi sosteniendo el dibujo en su mano. Pensé que no lo había encontrado, o que había estado ocupado. No me hubiera sorprendido. Era la historia de mi vida. Yo era invisible.

"No estaba, ¿cierto?", pregunté con tono decepcionado, esperando al mismo tiempo que la respuesta fuera sí y no.

"Sí, sí estaba", respondió Tanis.

Mi corazón dio un salto y se alojó en mi garganta.

"Pero ¿estaba ocupado?", pregunté.

Sonrió y me devolvió el dibujo. "No, no estaba ocupado".

Me tragué de vuelta mi corazón. Lo podía escuchar latir más fuerte en mi mente esta vez.

"¿Y bien?", pregunté, parpadeando con los ojos bien abiertos, avergonzada ya de que alguien además de Tanis hubiera visto mis dibujos. Revelar cosas que eran importantes para mí era como desnudar una parte de mi ser. Siempre creo que los demás van a burlarse cruelmente, insultándome y criticándome sin otros motivos que envidia y maldad. Estaba convencida de que Smiley diría que el dibujo no servía, porque yo tampoco servía. Era lo único que oía en casa. Era lo único que conocía.

"Le pareció muy impresionante", exclamó Tanis antes de que yo pidiera decir otra palabra.

Tragué. Mi corazón hacía latir mi cabeza, y sentí temblar mis manos. Perlas de sudor frío aparecieron en mi sien.

"¿De verdad?" Quería que fuera cierto, pero tenía mis dudas. Nunca había dudado de mis habilidades artísticas, pero cuando la posibilidad de ser rechazada se presentó, lo hice.

"Sí. De hecho, le apenó pensar que alguien lo admire. Se puso rojo frente a mí cuando le mostré el dibujo. Estaba contento, le gustó".

¿En serio?, pensé. Le pareció impresionante. ¿Se apenó, también?

"Dijo que tienes un gran talento".

"¿De verdad?" No podía decir más, mi boca se había secado por completo. Creo que era lo único que me venía a la mente, después, me quedé en blanco, sin palabras. No era cosa común que un adulto, mucho menos un adulto importante en posición de poder dijera que yo tenía un gran talento.

"Quería conocerte, pero le dije que eras algo tímida y que me había ofrecido a mostrarle el dibujo, y que había sido mi idea que se lo dejaras ver".

Qué alivio, pensé. Tanis me conocía bien. Yo era, en efecto, demasiado tímida para ir. Había sido ella la de la idea de mostrárselo. Sí, así me sentía. Yo no quería. Ella sí.

Tanis sonrió. "Le gustó mucho. Incluso te lo firmó".

"¿De verdad?" Desenrollé el dibujo y vi su firma en la esquina inferior, junto con una pequeña nota. *Para una gran artista. Tienes mucho talento, Sr. CZ.*

"Wow". Me sorprendí. A Tanis parecía agradarle todo eso. Yo no sabía qué decir. Por fin, un poco de validación.

Le di las gracias, aún en shock ante la idea de que el señor CZ me conocía. ¿Lo había puesto en duda alguna vez? En verdad no sabía. No era lo mismo. Yo sabía la verdad, supongo. Es decir, la verdad en cuanto a que Sherry inventaba cosas sobre él. Y ahora no podía inventar esto. Esto era real, y era *mío*.

VEINTITRÉS

Encuentro con Smiley

Creo que después de ese dibujo, no hice casi nada de nada. Intenté dibujar un poco más, intenté hacer otro dibujo de Smiley, pero no tenía buenas fotos de su rostro, y me daba demasiada pena la posibilidad de mostrar mi trabajo otra vez. Casi no vi a Tanis tampoco, después de eso. Hubo veces en que me dediqué a caminar por ahí como si no conociera a nadie. Había entrado en un trance, y no lograba salir. Era como si Sherry me hubiera hecho algo horrible que no pudiera sacudirme de encima. Estaba perdida. El dibujo había sido un pequeño punto alto, pero ahora la aventura había terminado. De alguna forma, me sentía algo confundida. La escuela era solo la escuela, siempre aburrida, y yo tenía solamente una amiga: mi imaginación.

Hablaba con los demás menos que antes. Estaba sola, y aunque era aburrido, apenas y lo notaba, y no me importaba. Solo hacía que las cosas en casa fueran más insoportables.

Sonó el timbre, pero yo no corrí con la mayoría ansiosa de salir por la puerta. Seguía una larga espera, lo sabía. Me dispersé con los demás, marchando por los pasillos en busca de soledad, y ocultándome del FBI.

Bajé al segundo piso usando una de las escaleras más solitarias de Middleton, cerca de la parte trasera de la biblioteca. Quería sentarme con la oficina principal a la vista y observar a quienes salieran de ella. A veces lograba verlos a todos, y así saber dónde estaban en todo momento. A veces ellos también me veían. Por alguna razón, no era lo mismo cuando me miraban. Ahora me conocían. Incluso me saludaban y sonreían en ocasiones. Me hacía sentir importante, como cuando caminaba con Sherry y nos reconocían como problemáticas.

A veces deseaba poder decir, *aquí estoy, voltea a verme*, pero nunca tuve el valor de hacerlo. Ese era mi problema, era buena para pensarlo, pero no podía decirlo ni siquiera si la situación lo requería. Siempre lo echaba a perder.

No había hablado con Sherry por mucho tiempo. Me había ocupado con otras cosas para pasar el tiempo. Mis tareas de observación de Smiley también habían disminuido, aunque seguía observando a los Thomases. Lo acepto: era muy aburrido sin Sherry. A veces con Tanis encontraba consuelo, pero sabía que nuestra amistad había terminado hacía tiempo, sobre todo por causa mía. ¿Tan infantil era yo? Ella ya no jugaba nuestro juego. Tal vez había madurado antes que yo. En el fondo, yo seguía siendo una niñita boba jugando juegos bobos, y no quería dejar de hacerlo. Quería sentirme importante y buscar la aventura. En mi imaginación, yo era importante, era una aventurera.

"Vas a acabar quemándote", me decía a veces Tanis, pero nunca me explicaba a qué se refería. Y yo nunca le pregunté, pero me molestaba que fuera tan abiertamente honesta y que no quisiera hacer nada divertido. 'Divertido' significaba acosar a los subdirectores y averiguar en qué andaban. Tal vez 'acosar' no era la palabra correcta, pero era la que ella usaba.

Decidí omitir el placer de sentarme junto a la ventana y me dirigí por el pasillo largo hacia una de las puertas laterales del edificio. Estaba a punto de pasar la oficina de subdirectores cuando la puerta de abrió, y de ella salió Smiley.

Aminoré el paso, pensando en todas las cosas que Sherry le habría dicho, incluso si él no volteara a verla. Seguí adelante y desaparecí dando la vuelta a la esquina en dirección opuesta.

Esta vez estaba sola. Quizás sin Sherry no habría significado una diferencia para mí. Quise regresar sobre mis pasos o darme prisa y huir, pero entre dudas y titubeos estaba dejando escapar mi oportunidad. Ese era otro de mis problemas.

Por primera vez quería ser invisible, y no podía desaparecer. No sabía por qué. Tal vez era porque nunca me había enfrentado a Smiley sin tener a Sherry a mi lado. Ella era la única que se atrevería a dirigirle la palabra. Yo no era ni valiente, ni su amiga. No me sentía tan cercana a él, personalmente. Ni me sentía cómoda. No lo conocía lo suficiente.

Tanis entendería a qué me refiero. Incluso después del episodio del dibujo, yo le temía a Smiley. ¿Es que no sabía realmente que no se trataba del personaje al que había aprendido a temer? La idea de que había visto mi dibujo me había hecho entender cuánto sabía el de mí, y eso me asustaba aún más.

Cuando salió, miró a su alrededor. De pronto se detuvo, y giró. Al verme caminando hacia él, esbozó una sonrisa. Llevaba algunos documentos en las manos. Habíamos conectado sin hacer gran contacto visual. Fue extraño.

Mi corazón se detuvo cuando sus ojos se clavaron en mí y su sonrisa me recibió dibujando una curva de extremo a extremo. No podía irme. Estaba demasiado nerviosa como para notar cualquier otra cosa, solo sentía que mis nervios hacían temblar mis manos. No sabía qué haría si Smiley me llamaba. Intenté apresurarme a pasarlo y dirigirme a la salida, pero Smiley se paró en el punto medio donde el pasillo se dividía en cuatro secciones cerca del comedor, y bloqueó mi paso.

"¿Estás ocupada, Clare?". Había algo de malicia en su tono. Algo de humor. Su voz tenía un timbre agudo, un poco ratonil, casi como un chillido.

¡Smiley sabía mi nombre! Por supuesto que lo sabía… el FBI siempre sabe tu nombre. Por poco me tropiezo con él.

Ser naturalmente torpe no es pretexto para ser estúpida. No tenía a nadie con quien compartir esta experiencia. Ninguna Sherry con quien acudir para platicarle este incidente y quedarme boquiabierta.

Smiley esperó a que le respondiera, y yo esperé el honor.

"¿Me puedes ayudar con esto?"

Sin darme tiempo a objetar, Smiley dejó caer los documentos en mis manos. Los tomé antes de que cayeran al piso avergonzándome aún más.

Se alejó a toda prisa. Yo me apresuré a seguirlo, tratando de no quedarme atrás. Algunos estudiantes que aún quedaban en el comedor nos voltearon a ver. Yo me llené de orgullo, era la elegida.

Debimos haber recorrido una distancia corta desde donde nos habíamos encontrado hacía apenas unos momentos. Me apresuré a seguir a Smiley hasta que se detuvo frente a la entrada de la oficina de asistencia, a unos pasos del comedor.

"Solo quiero entregar estos documentos. Gracias por tu ayuda, Clare.", dijo Smiley. Abrió la puerta sin problemas. Produjo un gran llavero con muchas llaves, y lo usó para abrir la oficina. Después de todo, era un subdirector, y tenía acceso a las llaves para todas las puertas de Middleton.

Imaginé a Maurice escondido en las sombras, observándonos como en las muchas historias que había escrito. Vi el contorno de un rostro solitario en el interior de la oficina cuando entramos. ¿Podría ser él, rebosando de ira, a punto de explotar? Como soldado marché dentro de la oficina al lado de Smiley.

Smiley encendió la luz, y entró a la oficina. Yo lo seguí. La puerta se cerró detrás de nosotros. Smiley se dirigió al fondo de la oficina. Un mostrador cuya altura llegaba al pecho dividía la oficina de tal forma que, al entrar por la puerta quedaba justamente enfrente de uno, a distancia de unos pasos. Smiley lo rodeó, buscando algo. Me acerqué al mostrador y me incliné para poder ver. Smiley colocó su radio en el aparato cargador que se encontraba en el extremo un escritorio en la esquina. De inmediato se encendió una luz roja en el radio.

"Voy a ponerlo a cargar mientras estamos aquí".

Pensé que solo íbamos a entregar los documentos. Inexpresiva, angustiada, me llené de dudas, mientras seguía sosteniendo los documentos en mis delgados brazos, tratando de evitar su mirada hipnótica.

"Pásame esas carpetas", Smiley señaló los papeles que había dejado caer en mis manos anteriormente. Rápidamente levanté los documentos y los coloqué en el mostrador, frente a él.

"Ponlos aquí", dijo Smiley. Hice lo que me indicaba. Los tomó y los colocó en el escritorio, detrás de él, donde su radio seguía cargando. Yo quería irme, pero una parte de mí quería quedarse y experimentar la sensación de ser importante y escuchada por fin. Por otro lado, una parte de mí estaba paralizada frente a su autoridad.

No podía moverme. Me preguntaba si sabía lo incómoda que me sentí en esos segundos de silencio. Me preguntaba si esa era la razón por la que sonreía. Finalmente nos veíamos cara a cara, como viejos enemigos. ¿Debía ponerme mis guantes de pelea?

Di un paso atrás, lista para salir por la puerta, derrotada. Había aceptado que estaba frente un enemigo más poderoso de lo que había anticipado. Presentí que él me lo diría.

Esperaba que me dijera algo como: *¿Así que crees que puedes conmigo?* O tal vez no era así en absoluto. Después de todo, ya había cumplido mi función. Traté de pensar que lo había ayudado a cargar los documentos hasta la oficina. ¿Eso me valdría una salida fácil? ¿Qué más quería de mí?

"Hablemos un momento, Clare". ¿Platicar? Ah sí, ya lo veo venir. Había llegado el momento en que me diría todo lo que Sherry le había revelado. Que conocía perfectamente mis planes.

La sonrisa en su rostro era aplastante ¿Qué tramaba? ¿Qué planes malévolos tenía para mí? ¿Cuál era su estrategia? Cualquiera que fuese, estaba funcionando. Me costaba mucho levantar la vista. Me sonrojé y lentamente di un paso atrás. Realmente me estaba haciendo sentir incómoda. ¿Qué quería?

Había una considerable cantidad de sensaciones que hasta ese momento no sabía que existieran. Lo dibujaba, escribía sobre él, e incluso hice un gran esfuerzo para ayudarlo, sabiendo que no debía, por todo lo que Sherry me había hecho creer sobre él. Pero, por otro lado, esa precisamente era la razón por la que me interesó y quise ayudarlo. ¿Sabía él todo esto? Mi solución para escapar a la vergüenza fue enterrar mi cara entre mis brazos sobre el mostrador. Pero no me podía mover.

"¿Cómo va todo en casa?". Ah, era eso lo que quería saber. Claro, ¿acaso no habían estado mis padres en su oficina, sacándome prácticamente a rastras de la escuela, y avergonzándome? Examinó mi rostro. Había cierta inocencia en sus ojos. En verdad le importaba, cosa que me sorprendió. Me pregunté si era consciente de eso, pero algo me dijo que sí. De pronto, 'Smiley el Tirano' se había convertido en 'el señor CZ, persona'. Era una incómoda realidad para la cual no estaba preparada.

El señor CZ se inclinó hacia adelante, sus manos sobre el mostrador. Acercó su cara, descansando su barbilla sobre su muñeca, sin dejar de verme. Sus párpados cayeron un poco, y exhaló profundamente. Bajé la vista, sonrojada. El señor CZ podía intimidar de las maneras más extrañas. Me daba pavor estar cerca de él. Nunca pensé que tendría miedo, pero estando ahí de pie frente a él, sin poder hablar o moverme, tenía mucho miedo.

Exhaló. Sus ojos me parecieron intoxicados, se veían soñadores. Parecía estar mirando a un punto lejano, por encima y muy atrás de mí. ¿Qué le pasaba, qué planeaba? ¿Estaba usando sus poderes de Thomas conmigo?

"Bien, supongo", respondí con un susurro, aún muy insegura de sus motivos. Es decir, después de todo, era un Thomas.

"No tengas pena. Dime", insistió el señor CZ, curvando los labios ligeramente.

Arrugué la nariz. En realidad no había mucho qué decir. A mis padres no les interesaba.

Logré levantar la vista, y su sonrisa me hizo sonrojar de nuevo. ¿Qué poder tenía sobre mí para que le temiera? ¿O más bien, no tanto para que le temiera, sino para que me convirtiera en una inválida mental? Estaba anclada en mi lugar y no podía moverme, sin importar lo que intentara hacer.

"Por cierto, me gustó mucho el dibujo que hiciste de mí. No sabía que tenías tanto talento. Eres una gran artista. Debiste haber tardado mucho haciéndolo".

No imaginé que sacaría el tema. Me dio pena que lo hiciera. Sentí mi rostro enrojecer de nuevo.

"No tanto", murmuré apenas. Sentí alivio cuando comenzamos a hablar de nuevo. El silencio me ahogaba, y mi rostro ardía.

"Pues me pareció muy bueno. Cuando tu amiga − ¿cómo se llama?" Sus párpados cayeron un poco más y exhaló de nuevo.

"Tanis", respondí.

"Sí, ella, Tanis. Cuando vino a verme y mostró tu dibujo, no supe qué pensar. Me dijo que me admiras".

¿Eso dijo? Sí, bueno, también admiraba a Darth Vader, y a Boba Fett. Así que, felicidades. Me mordí los labios.

"¿Es verdad eso, Clare? ¿Me admiras?"

No supe qué decir. Solo sonreí. Sentí mi rostro subir de temperatura en segundos. El señor CZ respiró profundo, parecía intoxicado. Se acercó un poco más, como un hombre poseído por una extraña poción. Yo no entendía lo que estaba sucediendo, pero el revoloteo de mariposas estaba fuera de control en mi estómago. Me miró, atolondrado, sus ojos cafés desenfocados. Las mariposas en mi estómago revoloteaban como nunca. Me sentía mareada y con nauseas. ¿Estaba usando sus malignos poderes de Thomas sobre de mí?

"No sé", susurré sonriendo e intentando ocultarme de su mirada. Quería irme de ahí, salir por la puerta, o por lo menos enterrar mi rostro entre mis manos para ocultarme. Otra vez me torné color rojo intenso. Temía no poder dejar de temblar, ya me había pasado antes.

"Clare, ¿estás enamorada de mí?" Mi corazón dio un triple salto mortal, pensé que me desmayaba al escuchar esas palabras. No supe qué decir. Me tomó por sorpresa, y me pregunté lo mismo: ¿lo estaba?

Era algo que nunca esperé escuchar. Yo creía que era Sherry quien sentía eso por él. Es más, *sabía* que así era. De modo que ¿por qué a mí se me cuestionaba esto? ¿Y por qué no respondía con un *no* inmediato? ¿Estaba dudando de mí misma? ¿Se puede considerar enamoramiento cuando se admira a alguien? ¿En serio, se puede?

Me obligué a sonreír. No pude hacer otra cosa que reír un poco para evitar que mi rostro se enrojeciera como antes. Pero no funcionó.

"Yo… ", comencé a decir, pero tuve la fuerza para responder. Este era el hombre a quien yo temía. Y de acuerdo a lo dicho por Sherry, este era un hombre que me había amenazado, insultado, pensaba muy poca cosa de mí, pensaba que yo era una niña problema sin causa. Nada de eso era cierto, pero ahora había algo en el señor CZ muy diferente al carácter del hombre que Sherry alguna vez había imaginado. De forma que lo puse a prueba, lo reté, soltando lo primero que me vino a la mente surgido de las historias de Sherry. Eludiendo su pregunta.

"Sherry dijo que yo no le agrado a usted", dije de pronto, agachándome tímidamente, y desviando rápidamente la mirada de sus soñolientos ojos cafés. ¿Era cierto? Reacción rápida.

El señor CZ parecía estar viendo a través de mí. ¿Por qué? ¿Trataba de quebrantarme? ¿Se trataba de otra táctica Thomas? ¿Estaba pensando cómo responder? Es decir, lo había atrapado en la mentira ¿no?

"¿Sherry?", se rio de pronto, tomándome por sorpresa.

Arrugué la nariz preguntándome qué seguiría a ese pico de ánimo en su tono.

"No creas todo lo que dice Sherry, lo dice por envidia. Eres una muchacha muy bonita, Clare".

Mi corazón dio un vuelco. ¿Qué? Un momento, ¿por qué estábamos hablando de mí otra vez? Era una pregunta sencilla: sí o no.

"Claro que no dije eso", agregó. O algo parecido.

Volteé a ver al señor CZ confundida, él reía suavemente, mirándome desde el otro lado del mostrador. Dibujaba algo con el dedo sobre la superficie fría. Nunca había visto esa parte de él. Aunque en realidad, nunca lo había conocido lo suficiente como para haber visto esa parte de él. Pero su tono y sus modos eran raros y relajados de alguna manera.

"¿No le agrada Sherry?, pregunté.

El señor CZ sonrió cálidamente. Sus ojos de nuevo parecían soñar. ¿En qué estaría pensando? Me preguntaba a mí misma. Me veía de manera peculiar. El tipo de mirada que le diriges a alguien que te gusta.

"Sherry es una niñita a la que le gustan las fantasías y los juegos", anunció CZ descuidadamente, brutal.

"¿A usted le agrada Sherry?", pregunté. No me había respondido la primera vez. Parecía como si Sherry se hubiera metido en su corazón de alguna forma, y que después había recordado todas las ocasiones en que ella se había divertido a sus costillas, jugando con él al descubierto. Hubo algunas veces en que me percaté de que tal vez lo hacía sentir tonto. Me pregunté cuál sería la verdadera historia entre ellos dos. Supongo que eso era lo que yo quería saber, sin ser tan obvia. Después de todas las historias que Sherry inventaba sobre él, quería saber si algo, algún pedazo, se acercaba a ser verdad.

CZ frunció el ceño y sacudió su cabeza casi con disgusto. No sé bien por qué, hasta que habló para responderme. "No, claro que no. ¿Ella te dijo eso?", preguntó de inmediato. ¿Decirme qué? No, solo lo asumí, pensé yo.

"No, pero me dijo que usted había dicho que yo era una niña problema", fue lo que respondí.

El señor CZ lanzó una risilla, viendo a la distancia, como recordando la reunión con mis padres en su oficina, hacía una semana. Él había estado ahí, junto con el señor Cor, quien había venido a mi rescate y me había defendido cuando nadie más se atrevió a decir nada. El señor CZ había sido ajeno a toda la situación con mis padres, entonces había sido solo Smiley. Ahora, era algo totalmente distinto. Haber estado en su oficina solo había probado, por el momento, que yo era la niña problema que él había creído en un principio que era. O por lo menos la que Sherry había afirmado que era. Si CZ estaba recordando lo que era Sherry, ese día había sido la confirmación. Me pregunté ¿qué pensaba de mí ahora? ¿Era esa la razón por la que estaba ahí ahora?

"Clare, nunca jamás creas lo que Sherry dice. Le gusta inventar cosas. Es probable que en algún momento pensé eso de ti, y tal vez se lo mencioné a Sherry". De modo que era verdad. "Y cuando vinieron tus padres a verme, estaba bastante seguro. Pero el señor Cor nos aseguró que solo tenías problemas con tu padre y que no eras una mala chica". Sonrió.

Sus palabras eran la demostración de mi punto: los adultos creen a otros adultos, no a los jóvenes.

La sonrisa del señor CZ tenía algo que me hacía sonrojar, no podía dejar de sentir mis mejillas y mi cuerpo calentarse.

Creo que sudaba, no podía verlo sin que me viera de vuelta con esa mirada extraña y soñadora, ni podía desviar mi vista para escapar a sus ojos.

Mientras más pensaba que estaba sonrojándome, menos podía evitar hacerlo. Me sentía incómoda, mis manos y pies no hallaban su lugar para estar quietos. Había algo en la manera en que sus ojos se encontraban con los míos a medio bajar, y me atrapaban con su mirada.

Traté de mirarlo, pero me resultó muy difícil. El me veía sin parpadear, yo lo hice de vuelta, sudando. A lo lejos, escuché el timbre de la escuela. En alguna parte de mi mente, me repetía que mi madre probablemente me estaba esperando afuera ya. La idea apareció una vez y la descarté como si no tuviera importancia. ¿Por qué? Porque estaba aquí, con Smiley. Sabía que él haría que todo estuviera bien. Mis padres no se enojarían al saber que estaba con una autoridad escolar. Sería el mentor que yo necesitaba para salir de ese hoyo en el que me estaba hundiendo. Por fin tendría un amigo con quien compartir mis problemas familiares. No tendría que preocuparme por no tener a Sherry para platicar, ni tendría que añorar mi amistad con Tanis. Ya no me sentiría tan sola.

"¿Sabías que Sherry está en educación especial?", preguntó de pronto el señor CZ.

No estoy segura de por qué se le ocurrió compartir ese dato, pero lo cierto es que yo no lo sabía. Él había roto el silencio, tal vez era ese su objetivo, tal vez sintió que me estaba poniendo incómoda. Yo no podía entender por qué me sentía tan… tan extraña cerca de él. ¿Había sido todo lo Sherry me había dicho de él? ¿Por qué intentaba entenderlo ahora?

"Es una estudiante con necesidades especiales, ¿sabías eso, Clare?", dijo CZ, repitiendo su pregunta. Descansó su barbilla sobre su mano, y me miró directamente con esa mirada sabionda.

Apenas y respondí, tal vez murmuré algo. En seguida negué lentamente con la cabeza. ¿Cómo podía ser eso?

¿Sherry tenía necesidades especiales? No me cabía en la cabeza. Tenía más preguntas ahora que nunca antes, pero no estaba bien preguntarle al señor CZ. ¿Qué sabía el hombre de nuestros jueguitos? No quería que pensara que yo era una niñita, o una tonta. De pronto, algunas cosas comenzaban a tener sentido, mientras que otras cosas no tenían ningún sentido. Creo que estaba más confundida que nunca. Solo quería que alguien me dijera qué diablos estaba pasando, pero no parecía que eso fuera a suceder.

El señor CZ casi se cayó sobre el mostrador al acercarse a mí. Tenía esa mirada de nuevo. Creo que no había cambiado. Sus ojos se pusieron soñadores, su respiración baja y suave. Un sonido ahogado escapó a su pecho varonil. Sus dedos tocaron sus labios, su rostro descansaba sobre la palma de su mano. Se inclinó hacia adelante, parecía estar soñando; me hice un poco hacia atrás para dejarle espacio y para intentar dejar de temblar – no quería que lo notara. Estaba clavado en mi persona, y yo no entendía por qué. Hacía calor. ¿Habría más revelaciones? ¿Tal vez el señor CZ había estado enterado todo el tiempo de los juegos de Sherry? Yo sabía que no habían sido correctos. ¿Y Sherry, lo supo? Yo no era una mala persona, eso ya lo habíamos establecido. ¿Pero ahora, qué?

"No, no sabía", logré balbucear.

Me dedicó una larga sonrisa.

Con mucha dificultad me obligué a mirarlo, sin importar lo quieto y extraño que parecía. ¿Intentaba acaso quebrantarme para hacerme confesar que había hecho alguna maldad?

Me sentía frágil en su presencia, y deseé que no pronunciara otra palabra para hacerme sentir tan incómoda con él. ¿Era esta una táctica de adultos para reventar a los chicos? ¿Qué quería de mí? Podía ver en sus ojos algo más, algo extraño.

"Dejemos de hablar de Sherry", dijo finalmente.

Me sentí un poco aliviada, y al mismo tiempo nerviosa.

Esperaba que no hablara de mis notas. Sin duda estaba reprobando. Ya había escuchado el sermón una y otra vez, y no quería que el señor CZ también empezara, porque en verdad lo respetaba y me interesaba lo que él tuviera que decir. No quería que lo echara a perder con un especial vespertino sobre mis notas.

"Me gustaría conocerte mejor. Háblame de ti, Clare".

Parpadeé. No estaba segura de qué decir.

"¿Qué te gusta hacer además de dibujar? ¿Cuáles son tus cosas favoritas? ¿Tu color favorito? ¿Qué te gustaría ser cuando seas grande? Quiero saber. Dime".

Tomé aire, casi me atraganto con mi propia saliva. ¿Hablar de mí misma? ¿Por qué el señor CZ quería hablar sobre mí, la aburrida? Claro, era la táctica Thomas, *conoce a tu enemigo*. Pensé que habíamos hecho las paces. Pensé que el verdadero problema era Sherry. Desinformación, fue lo que pensé. ¿No podíamos hacer una tregua e ir por un helado, o una pizza? Así como aquella vez en su oficina, con Sherry… un momento, eso había sido mentira, ¿cierto? No sabía por dónde empezar.

El señor CZ se acomodó, sus manos aún sosteniendo su barbilla, y sus redondos ojos cafés mirándome directamente, más enfocados que nunca. Sentí como si tuviera un reflector sobre de mí, y que el mundo entero se enfocaba sobre mí en este instante, aunque solo estábamos los dos. Odiaba ser el centro de atención, pero sería mentir si dijera que no lo disfrutaba de vez en cuando. Dibujaba, y si he de hacer caso a lo que otros decían, tenía talento, aunque mis padres nunca lo reconocieron. Estaban demasiado ocupados diciéndome que necesitaba salir de mi habitación y dejar de dibujar. Que era una estirada y una antisocial. Y cuando mi maestra de arte en el último año de secundaria me dio un premio por ser la mejor artista, ni siquiera llegaron a documentar el momento. Mi talento era invisible entonces, y también ahora.

"Bueno, yo… ", comencé. "Me gusta escribir historias.

Mis colores favoritos son el negro y el azul". ¿Dije azul solo porque creía saber que ese era su color favorito? ¿Qué tan acertada era la información de Sherry sobre los gustos del señor CZ?

No importaba. El señor CZ estaba siendo atraído por cada una de mis palabras, y yo estaba contenta de alguien me escuchara. Nadie nunca había escuchado lo que yo decía como él lo hacía ahora. A nadie le había interesado como al señor CZ. Él me escuchó decir lo que ansiaba decir a otros adultos. El señor CZ me escuchó como si mis palabras fueran importantes. Sobre todo, sonreía, sus ojos brillaban más de lo normal. Estaba intrigado. Me sentía cómoda diciendo todo lo que alguna vez tapizó mi pequeña y joven mente. Era maravilloso que alguien pudiera interesarse en lo que yo tenía que decir. Por primera vez, me sentí libre y feliz, y que tenía un amigo con quien podía hablar.

Hablamos de cosas que me gustaría ser. Cosas que podría ser. Él dijo que ciertamente podría, y me regaló palabras de aliento. Palabras que nunca había escuchado en boca de mis padres, o de nadie más. Hasta donde yo sabía, era invisible para todos excepto para él. Eso marcaba la diferencia, porque sabía que las cosas eran posibles ahora. Sentí que podía hacer cosas que nunca soñé. Vi mi vida bajo una nueva luz.

Juntos reímos conforme pasaba el tiempo, como dos viejos amigos que se reúnen después de mucho tiempo. Ni siquiera me di cuenta de lo tarde que se hacía. Pero no me importaba. Por primera vez en mi vida era feliz, porque alguien me escuchaba. Ya no me sentía sola en el mundo. No me importaba si mis padres me estaban buscando. Ya no les temía. De alguna forma, me sentía más fuerte. Además tenía mi excusa. Estaba hablando con el señor CZ, un adulto importante, que me estaba aconsejando.

Tenía una excusa. Alguien importante a quien sí le interesaba lo que yo tenía que decir. Sí, eso les diría. ¿Y qué podrían responder? Nada, por supuesto. Nunca decían nada.

El señor CZ miró su reloj, y en ese momento supe que nuestra conversación había llegado a su fin. Tomó su radio que descansaba detrás de él, sobre el escritorio, y rodeó el mostrador. Tomó la delantera y se dirigió a la entrada, hasta posicionarse frente a la puerta de la oficina.

Me apresuré a seguirlo. Tomó la perilla de la puerta, puso la otra mano en el apagador. Pero la puerta no se abrió nunca, y tropecé con el señor CZ, que se había detenido de pronto en la entrada. ¿Pasaba algo? ¿Habría olvidado algo? ¿Había olvidado quitar la llave a la puerta desde adentro, al tiempo que apagaba la luz? Cuán ridículos debimos habernos visto, parados ahí, en la oscuridad. Seguramente CZ estaría apenado y tratando de encontrar a tientas el apagador, o abrir la puerta.

Trastabillé hacia atrás, pero antes de que me pudiera mover, sentí al señor CZ virar. Era imposible ver su rostro en la oscuridad de la oficina. Solo pude sentir y oler su aliento impregnado de café cuando sus labios se posaron sobre mi boca. Sentí un nudo en el estómago. Me quedé congelada, completamente paralizada.

Me congelé en mi lugar mientras el señor CZ me besaba. En algún momento, sostuvo mi cabeza y me acercó a él. Sentí su lengua introducirse en mi boca, sus labios presionando los míos. Seguramente tomé aire cuando se separó de mi para tratar de ver mis ojos cafés en la oscuridad. Incluso en la sombra, solo pude ver un esbozo de sonrisa y sentir su aliento en mi propio rostro. Bajé la vista con timidez, tratando de entender lo que estaba sucediendo, o había sucedido. Mi boca dibujó una sonrisa estúpida.

El señor CZ soltó una risilla, me soltó, y se volvió hacia la puerta. Salió al pasillo vacío. Ya no había estudiantes, las luces estaban bajas, se sentía un ambiente lóbrego en ese lugar. La escuela estaba un poco más vacía ahora que comenzaba a oscurecer afuera. El cambio de horario en esos meses hacía que el sol se ocultara más rápido.

El señor CZ comenzó a andar. Sus pisadas fuertes se apresuraron por el pasillo por el que habíamos llegado. Yo lo seguía, tratando de mantener su paso. Tocando mis labios ahora teñidos de su beso. Ni siquiera me atrevía a lamerlos, sintiendo la humedad en mi labio inferior. Algo no estaba bien, pero no podía acertar a qué era. Solo quería darme prisa y esconder mi cara. Un fuerte latido martillaba cada vez más fuerte mi cabeza: el latido de mi corazón golpeando contra mi pecho.

Nos acercamos a la sección donde el pasillo se dividía, y el señor CZ viró, apresurándose hacia la oficina de subdirectores. No se detuvo, apenas y volteó para despedirse. Yo lo miré brevemente, y corrí hacia la puerta por donde, en un principio, había intentado escapar antes de que él me detuviera. Antes de que me besara. Antes de esa sensación de malestar y confusión que ahora crecía en mi interior.

No comprendía lo que acababa de suceder. Un momento habíamos estado hablando, y al siguiente…

¿Qué había hecho? Comencé a cuestionarlo todo. Recorriendo hacia atrás los momentos en esa oficina, hasta el punto en la puerta y ese extraño incidente con su boca. No podía desmarañar los sentimientos en mi interior. Como si todo fuera un lío y un desorden, igual que su beso. No quise decir nada, porque pensé que le importaba la situación con mis padres. ¿Qué significaba todo esto? Tal vez no lo que yo pensaba.

VEINTICUATRO

¿Qué sucedió?

Cobijada por las sombras me dirigí a las puertas laterales en el extremo del pasillo. Había algunos estudiantes cerca de la entrada esperando a que llegaran a por ellos. Era tarde, pude observar que la luz del día se había agotado hacía tiempo. Me metería en problemas por no haber estado afuera como debía. Ya podía ver a mi madre, su rostro torcido entre arrugas y ceños fruncidos. Me había quedado sin excusa para justificar mi ausencia, y decir cualquier cosa sin duda indicaría que algo estaba mal. No podría ocultar el hecho de que algo andaba mal, porque ya no estaba segura de nada. Mi madre no era el tipo de persona con quien podía hablar abiertamente o llamarla mi confidente. Nuestra relación nunca había sido así, cosa que no me quitaba el sueño.

Estaba oscuro. Con el cambio de horario, parecía más oscuro que lo normal, aunque no me cabía duda de que era tarde.

Mi cabeza era un remolino de pensamientos sobre lo que recién había sucedido. ¿Qué iba a hacer ahora, si es que iba a hacer algo? Traté de pensar en lo que había salido mal. ¿Me había equivocado de alguna manera sobre lo que había sucedido? Es decir, ¿no tenía una hija de mi edad? Eché arriba los ojos. De nuevo: los datos que yo tenía no eran necesariamente ciertos, ¿no habíamos pasado ya por esto? Sherry era una idiota total, una mentirosa, y yo sabía que nada de lo que había dicho era verdad.

Pero las dudas no se disipaban. Pensaba en todas las personas a quienes creí conocer pero en realidad nunca lo hice. Eran como personajes de una historia, y yo era la lectora, siempre queriendo formar parte de ella, soñando con socializar con ellos. Pero eso era solo un sueño, y la realidad me estaba golpeando duro, y el aún más duro golpe de lo sucedido con el señor CZ me obligaba a despertar. Después de lo que había sucedido, ya no estaba segura de nada.

¿Por qué habría hecho eso? No, seguramente malinterpreté sus acciones… tal vez habíamos chocado. De cualquier manera, no podía negar que *algo* había pasado. Algo había sucedido. Por mucho que quisiera olvidarlo y convencerme de que no había pasado, no podía. Simplemente, no tenía sentido.

La luz de las farolas afuera entraba a la escuela a través de sus ventanas, iluminando los rostros cerca de la entrada. Fue entonces que vi a Tanis, recargada cerca de la puerta abrazando sus libros. Volteó hacia donde yo estaba, desde la esquina más cercana a la salida. Las sombras la cubrían, solo reconocí el contorno de su rostro apenas iluminado por las luces de afuera.

Me acerqué, me detuve a su lado. Me saludó curvando ligeramente su labio, y volvió a mirar hacia afuera. Al parecer, sus hermanos llegarían tarde a por ella otra vez.

"Ey", dijo, y miró a otro lado. "¿Dónde está tu amiga Sherry?" Estaba siendo sarcástica. Puesto que hacía ya bastante tiempo que yo no hablaba con Sherry, desde el día en que discutimos. Era eso, o tal vez solo quería refregarme en la cara la forma en que yo también había desaparecido del panorama de todo el mundo, incluyéndola a ella.

"¿Qué me importa?", dije, todavía en estado de shock.

Tanis se volvió y me preguntó qué pasaba. Tal vez porque siempre había confiado en ella y sabía que podía decirle todo, se lo conté. Lo hice sin pensarlo, sabía que me creería.

"Me besó", solté en un aliento. Así, sin explicar nada, sin comenzar desde el principio.

"¿Qué?", Tanis arrugó una ceja. "¿De qué rayos hablas, quién te besó?", se limitó a preguntar.

"Smiley me besó", fue mi atrabancada respuesta. La estaba viendo. Sus ojos se abrieron a todo lo que daban. Tanis siempre ha conocido los nombres que les poníamos a los Thomas. Sabía exactamente quién era Smiley. Después de todo, ya sabía todo lo que Sherry había dicho, y los juegos que en ocasiones jugábamos. Incluso había compartido las aventuras de Smiley con ella. Por derecho, Tanis tenía todos los privilegios de una cazadora de Thomases.

"El señor CZ", traté de corregirme. "El señor CZ me besó".

"¿Qué?" Pareció quedarse sin aliento. "¿En la boca?", preguntó. Se acercó a mí, tratando de hablar en voz baja para evitar ser escuchada por otros chicos alrededor. Pero no creo que les interesara, estaban ocupados haciendo sus tareas.

"Yo iba… Luego él…" Todavía estaba tratando de entenderlo. ¿Era posible que yo hubiera malinterpretado el incidente entero? Tal vez cuando se volteó yo estaba parada demasiado cerca. Y bueno, nuestros labios se tocaron. Un sencillo error, ¿cierto?

"Tranquila, cuéntame todo lo que pasó, pero comienza por el principio, y no omitas nada", dijo de inmediato.

Así era Tanis. Siempre fue muy técnica, necesitaba los detalles. Era el tipo de persona que te da una cachetada y te dice que te controles, y entonces te pide que hables. Eso es lo que me estaba haciendo. Pero en lugar de darme una cachetada, solo me miraba fijamente, como si con solo hacerlo pudiera extraer de mí la verdad. Me conocía bien. Tal vez me conocía lo bastante como para saber que no mentía.

"Dime todo. ¿De qué estás hablando? Y no omitas absolutamente nada", repitió.

Por un momento, dudé. "El señor CZ, Smiley", comencé, aún en shock. Tal vez quería sentirme segura de que todo estaba bien, tal vez escuchar mi propia voz aclararía un poco más las cosas. Le conté cómo me hizo que lo ayudara, y que nos quedamos solos en la oficina al final del pasillo. Le conté cómo me había preguntado cómo me sentía, y cómo hablamos de mis gustos y lo que quería llegar a ser. Entonces llegamos al punto del beso y encontrarme con ella.

"Estábamos hablando. Y cuando ya nos íbamos a ir, simplemente me besó", concluí, ofendida.

"¿Qué quieres decir, cómo que te besó? ¿Fue como un beso en la mejilla?", me interrogó.

"No. En la boca. Tocó mis labios con los suyos", dije en un susurro, sonrojándome. ¿Cuánto más clara tenía que ser? No podía dejar de verlo en mi mente, aunque no podía verlo claramente, porque habíamos estado en la oscuridad. Solo había logrado ver el perfil de sus facciones en ese cuarto oscuro, y lo único que había percibido era el aroma de café en su aliento. No podía recordar nada más, solo que mi corazón latía tan fuerte en mi pecho que pensé que lo podía oír, y que iba a explotar en cualquier momento.

"Se dio la vuelta cuando ya íbamos a salir de la oficina de asistencia. Y, bueno… me besó en la boca", dije. Mi corazón comenzó a martillear de nuevo. Volteé a ver hacia el final del pasillo, por donde había llegado. Tanis siguió mi mirada.

"¡Te besó en la boca!", exclamó Tanis.

"Sí. Se agachó y me besó cuando salíamos de la oficina".

"¿Y qué hiciste?", preguntó rápidamente.

"Me congelé. No supe qué hacer. Todavía no puedo creer lo que pasó", dije.

"Entiendo". Trató de contener la risa, pero ninguna de las dos pudimos evitarlo. Esto no era para nada como lo de los

Thomases, para nada como lo que habíamos vivido con el profesor en Deady.

No. Entonces solo había sido un juego divertido: alienígenas, jugar a los espías, el pentágono la NASA, y ovnis. Nos poníamos a especular sobre luces extrañas en el cielo, y cosas bobas como esa. Para mi amiga y para mí, eso había sido nuestro día a día. Era como un empleo y una aventura que nunca terminaban ni nos aburrían. Estábamos embebidas en eso, era un divertido juego de simular. Afirmábamos que conocíamos todos sus trucos y disfraces, de modo que unos cuantos profesores no nos engañarían.

Por eso estaban tras nosotras, decíamos también, porque nosotras sabíamos, y nos gustaba pensar que estábamos atentas y sabíamos demasiado para ser engañadas por la vida diaria. Éramos demasiado listas como para que *ellos* nos engañaran. Y eso es lo que *ellos* no habían previsto. Dos jovencitas inteligentes que podrían anunciar al mundo entero que, mientras ustedes duermen, los alienígenas estaban conquistando el mundo.

Aquel momento de desilusión y confusión comenzó a desvanecer todo lo que yo tenía por cierto. Aún recuerdo, la mirada apanicada del señor Thomas mientras caminábamos en el pasillo frente a él, entre los demás estudiantes. Lo habíamos etiquetado 'enemigo número uno', porque era demasiado apuesto como para ser un profesor real. De modo que tenía que ser un agente de la CIA o parte de la conspiración junto con el FBI para ocultar pistas sobre el plan secreto alienígena. ¿Por qué trabajaría como profesor un hombre con tan buen ver? Lo habíamos desenmascarado, y estaba tras nosotras. Recuerdo el temor en sus mirada.

El señor Thomas nos miró fijamente a través de esos enormes anteojos negros, sus ojos cafés se agrandaron asustados cuando le devolvimos la mirada, tragándonoslo con nuestro lento andar por el pasillo. Lo habíamos aprovechado al máximo, era un pasillo muy corto. A veces nos volvíamos y lo recorríamos de vuelta, solo para ver por un instante su apuesto rostro, de pie afuera de su aula. Nos miraba directamente con gesto de pánico, nosotras nos reíamos y le sonreíamos. Fue entontes que caímos en cuenta de que había leído la carta.

Le escribimos una carta, bien redactada, bien escrita. Yo tenía una vieja máquina de escribir. Era perfecta, nítida. ¿Qué le escribimos?

Lo hemos admirado desde el otro lado del pasillo... decía la nota en una parte.

Escribimos la nota durante el receso, estando en afuera en el minúsculo patio enrejado en que nos mantenían a todos los niños de mi edad, como ganado, esperando a que sonara el timbre.

Tanis, que lucía cortos rizos oscuros y anteojos de armazón negra, me leyó la nota antes de introducirla en un pequeño sobre en blanco. Humedeció la orilla con su lengua y la selló, evitando que nadie la pudiera leer antes de que llegara a manos del señor Thomas.

¿Nos calificaría la ortografía el señor Thomas? ¿Se sonrojaría al leer la carta bajo la luz de su aula, sosteniéndola en sus manos cubiertas de gis? En resumen, ¿cómo reaccionaría? Esa era la pregunta en nuestras cabezas.

A mí me avergonzaba mi pésima ortografía. Por supuesto, por eso fue Tanis quien la escribió. Por supuesto que propuse mis propias palabras antes de que la escribiera usando mi vieja máquina. Después de todo, había sido idea mía. Bueno, parecía un Jack. Un Jack, un Anderson, incluso un Nicholson, pero era sin duda un Thomas. Y esa había sido la mejor parte de todo. Era un Thomas. Uno de *ellos*.

¿Era un agente encubierto? Había preguntado Tanis. Yo no sabía. Tal vez lo era, y su identidad encubierta era la de un docente en la Secundaria Deady. Su misión era encontrar a los alienígenas y a esas personas singulares y extrañas: esos, los que eran humanos, pero no eran individuos normales. Y yo era una singularidad autoproclamada. Lo que yo era no tenía nombre, había declarado alguna vez Tanis. Yo había echado arriba los ojos.

Pero el día de la nota había temor en los ojos del señor Thomas; un temor burlón, paranoico. Solo nos miraba fijamente mientras nosotras le sonreíamos. *Te admiramos*, decía la nota. Y sus ojos cafés se agrandaron estando él de pie afuera de su aula con sus brazos cruzados, mirándonos mientras pasábamos. Nunca perdimos de vista su mirada. Nos clavó los ojos. Lo único que recuerdo es sus enormes ojos cafés detrás de esos anteojos negros cuadrados, mirándonos.

"¿Y qué pasó después?", continuó Tanis, refiriéndose al incidente con el señor CZ.

"Entonces salimos. Él se fue a su oficina. Y yo vine aquí".

En ese momento, yo estaba consciente de que uno de los muchos juegos que jugábamos, había dejado de ser un juego. Porque finalmente uno de los Thomases había aceptado nuestro reto. Y no sabíamos qué hacer. *Yo* no sabía qué hacer. Pero donde debió haber temor, había emoción, como si yo fuera la segunda a bordo en una loca aventura con Indiana Jones, y tuviera al alcance de mi mano la solución a todos los problemas del mundo. La CIA y el FBI estaban tras mis huellas, y yo estaba arrinconada, enfrentando una decisión que podría paralizar al mundo, o salvarlo. Esta ya no era una de mis historias. Esto era real. No había asimilado aún el incidente.

Finalmente estaba pagando mi cuenta por lo que le había hecho al pobre señor Thomas. Después de nuestro incidente, nunca lo volvimos a ver. Tal vez sí era de la CIA, y habíamos descubierto su identidad falsa, tal como lo había sospechado. ¿Qué les parece? Dos niñas habían expuesto por completo su verdadera identidad. Ya lo podía ver, en el buró, hablando con sus colegas sobre las dos chicas adolescentes que lo habían descubierto.

"Qué locura. No puedo creer que te besó. ¡Le gustas a

Smiley!", bromeó, pero se dio cuenta de que yo estaba sonrojada. Pensé que diría más. O por lo menos que diría algo que me hiciera sentir mejor con lo que había sucedido.

"¿Crees que debo hacer algo? Quiero decir, estoy tan confundida. Ni siquiera sé si pasó, o qué".

"¿Por qué no haces esto? Solo espera a ver qué pasa. Tal vez te equivocaste. Si no estás segura, solo espera a ver qué pasa mañana", dijo Tanis.

Yo no sabía qué hacer, y sus palabras me parecieron sensatas. ¿Eso quería hacer yo? ¿Solo irme, con la esperanza de que cuando el día siguiente llegara, todo volviera a la normalidad?

Asentí, en el momento en que ella veía, afuera, que llegaban por ella.

"Entonces, mañana me dices ¿está bien?", añadió. "Hasta entonces, que quede entre nosotras".

"Está bien", acepté, viendo el auto de su hermano detenerse frente a la escuela.

"Te veo mañana, ya vinieron por mí". Abrió la puerta y corrió a encontrarse con su hermano. De nuevo me quedé sola, viendo cómo se subía al auto de su hermano y desaparecía dentro del vehículo, y después el auto se alejó.

Aliviada y asustada al mismo tiempo, me preguntaba qué estaría haciendo el señor CZ, y temiendo verlo otra vez. Un poco temerosa, me agazapé en una escalera, y me senté, escondida como ratón de cualquier persona que pasara por el pasillo y de cualquiera que pudiera llegar desde el otro extremo. Ahí me quedé hasta que por fin llegaron por mí.

Otras Obras de C.S Luis

Mindbender series

The Source (Book 1)

The Venator (Book 2)

The Counterpart (Book 3)

The Director (Book 4)

The Foreigner (Book 5)

The Rogue Venator (Book 6)

The Bodyguard and the Heir

The Bodyguard and the Heir

Liam, The Bodyguard and Heir (Volume 2)

Nathan (Prequel; Volume 3)

Confessions of High School Freshman

Stranded (book 1)

Tales of the Sarvakk

The Companions

Existence; DevilGod Series

Standalones

The Lady and the Beast

Touch

The Space between us

Chance Meeting

The Lady and the General

Acerca del Autor

C.S. Luis reside en Houston, Texas con su esposo y sus dos hijos. Ha publicado libros en múltiples géneros y está deseando expandir sus obras a novelas gráficas. Ha escrito y ayudado a componer una canción de cuna en alemán, que se puede encontrar en su serie Mindbender. En su tiempo libre, C.S. Luis es un apasionado del arte. Le gusta dibujar, así como pintar al óleo. Una ávida lectora, gravita hacia autores como Anne Rice, Joe Hill, L.J. Smith, E.L. James, Christopher Moore, Chuck Palahniuk y Stephen King.

Notas

ILUSIÓN - EL RELATO

1. *Noveno grado*: En cada país el sistema educativo varía. En este caso, la acción se desarrolla en Estados Unidos (presumiblemente), y el noveno grado equivale al primer año en educación media superior, preparatoria, o bachillerato. (nota del traductor).

17. El muñeco de Bart

1. Una evento en el que se reúne a estudiantes en este caso, generalmente previo a algún partido o concurso de atletismo, con el objetivo de levantar los ánimos y crear entusiasmo.

21. En la oficina del señor CZ

1. La acción se desarrolla en Estados Unidos, por lo que cabe la aclaración de que los padres hablan en español, un idioma distinto al local.